10 RÈGLES DE FRANÇAIS pour faire 99 % DE FAUTES EN MOINS

Jean-Joseph JULAUD

FIRST
Editions

ISBN : 978-2-412-02195-8
Dépôt légal : septembre 2017
Imprimé en France
Par NRI s.a.s. (1702397)

Correction : Julien Soulié
Maquette : Olivier Frenot

Editions First, un département d'Edi8
12, avenue d'Italie
75013 Paris France
Tel. : 01 44 16 09 00
Fax : 01 44 16 09 01
Email : firstinfo@efirst.com
Site internet : www.editionsfirst.fr

Sommaire

Introduction

99 % d'erreurs en moins, en parlant, en écrivant, et même en pensant ? Oui, c'est possible !

Comment est-ce possible ? Eh bien, parce que, tout d'abord, vous l'avez décidé, et que le premier ingrédient de la réussite en général, c'est une bonne dose de volonté !

Ensuite, parce que vous allez comprendre aisément, au fil des dix chapitres qui vous sont proposés, qu'on assimile une règle d'autant plus facilement qu'on en maîtrise le vocabulaire qui la compose.

En effet, à quoi sert de savoir qu'on accorde le participe passé avec le complément d'objet direct, si on ne sait qu'approximativement ce que sont ce participe passé et ce complément d'objet direct ?

Que diriez-vous d'un garagiste qui, soulevant le capot de votre voiture en panne, vous déclare : « Le carburateur, c'est peut-être ça, ou plutôt ça… encore que… Et la batterie, finalement, je ne sais pas trop… »

Comment imaginer que ce garagiste puisse faire de nouveau fonctionner votre quatre-cylindres en V afin qu'il vous conduise où vous êtes attendu ?

Comment imaginer que vous, hésitant sur l'identification du carburateur d'une phrase, sur sa batterie, sur une pièce inadaptée qui peut être un pronom pris pour un autre, une structure boiteuse, vous puissiez conduire votre propos sans dommage dans la pensée de celle, celui ou ceux à qui vous vous adressez ?

Pour réparer une erreur, comprendre la mécanique de la langue, il est nécessaire d'en connaître toute les pièces, de les reconnaître sans hésiter. C'est l'objet du chapitre 10 de cet ouvrage auquel vous pouvez vous référer dès qu'un doute s'insinue dans votre réflexion sur la conduite d'une règle à appliquer.

On me parle d'un adjectif indéfini, d'un adverbe de manière, d'un pronom interrogatif ? Je cours vers le chapitre 10, qui est une sorte de magasin des pièces détachées de la langue, classées par catégories afin qu'elles ne se mélangent pas dans votre mémoire.

On me parle d'un adjectif verbal qui s'écrit de telle façon, alors que le participe présent lui correspondant prend une lettre de plus ? Où ? Je vole vers un autre chapitre, celui qui est consacré à la connaissance du verbe.

On me demande si on peut accorder succédé dans « les fêtes se sont succédé… » ? Ou bien je maîtrise déjà parfaitement l'accord de ce participe passé parce que je possède le chapitre 2 de cet ouvrage sur le bout des doigts, ou bien j'ouvre ce même ouvrage à la page où on résout le mystère de succédé et je dis à mes interlocuteurs interrogateurs et interloqués : « Vous voyez, c'est écrit ici ! »

Et que dire de toutes ces règles toutes floues dans la réserve que vous avez constituée depuis l'école primaire et le collège, jamais revues, jamais précisées ou consolidées ? Elles sont toutes là, elles vous attendent dans ces pages où, de la façon la plus simple et la plus claire qui soit, leurs mécanismes vous sont expliqués et vous apparaissent alors d'une clarté qui vous était inconnue jusqu'alors.

Enfin, oui, il est possible de réduire de 99 % vos erreurs en tout genre car, non seulement vous en avez décidé ainsi, non seulement vous allez tout comprendre à travers les pages que voici, mais aussi et surtout, vous allez prendre le temps de réaliser tout cela. Rien ne se construit sans la patience, l'application, et, pour ce qui est de la mémorisation de quoi que ce soit, sans la répétition, sans la décision de remettre cent fois sur le métier votre ouvrage, jusqu'à ce que tout soit compris, acquis, parfaitement maîtrisé.

Et tout cela se tient entre vos mains : ce livre, et, pour ce qui est de la langue française, votre destin !

1

La règle de l'accord des nombres

Les nombres qu'on appelle adjectifs numéraux cardinaux sont invariables sauf *vingt* et *cent,* qui prennent la marque du pluriel s'ils sont multipliés et non suivis d'un autre adjectif numéral cardinal.

Montrons l'exemple

- *Un, deux, trois, quatre, cinq, six, sept, huit, neuf, dix…*
- *Vingt poules* (une seule fois vingt, pas de *s* à *vingt*)
- *Vingt euros* (une seule fois *vingt,* aucune raison de dire « vinzeuros »)
- *Quatre-vingts œufs* (quatre fois vingt : un *s* à *vingt* non suivi d'un autre adjectif numéral)

- *Cent euros* (une seule fois cent, aucune raison de dire « cenzeuros »)
- *Cent vingt plumes* (une seule fois cent, une seule fois vingt, aucun *s* pluriel)
- *Deux cents, quatre cents personnes* (plusieurs fois cent non suivi d'un autre adjectif numéral : un *s* à *cent*)
- *Deux mille personnes* (*mille*, adjectif numéral, est invariable)
- *Trois cent sept mille travailleurs* (*cent* est suivi d'un autre adjectif numéral, *sept* : on ne l'accorde pas au pluriel avec *trois*)
- *Quatre cents millions de moustiques* (voir ci-dessous)

Les grands moyens pour retenir

On se rappelle très facilement les deux seuls adjectifs numéraux cardinaux qui varient, ils forment un prénom porté par Cassel, Delerm, Elbaz, Lagaf, Lindon, Perez et… Van Gogh : *Vincent* (*vingt, cent*).

Attention, danger !

Deux cents millions d'euros

Tiens ! Un s à cent, alors qu'il est suivi d'un autre

nombre ? Oui, car *millions* n'est pas un adjectif numéral cardinal, mais un nom commun.

On écrira aussi : *trois cents milliards,* le mot *milliard* étant aussi un nom commun.

Mille et mille

Mille (1 000) est un adjectif numéral cardinal. Mais le mot *mille* peut aussi être un nom commun. Il s'agit alors du **mille marin**, autrement appelé le « nautique ».

Un mille désigne alors une distance de 1 852 mètres. Dans ce cas, il prend la marque du pluriel :

> *Mon yacht à voile est à trois milles de la côte, c'est-à-dire à trois fois 1 852 mètres, 5 556 mètres, cinq mille cinq cent cinquante-six mètres.*

Il ne faut pas confondre le **mille marin** (1 852 mètres) et le **mile anglais** (1 609 mètres) qui se prononce [maïl] – et qui, au Québec, s'écrit avec deux *l* : *mille.*

Mille et mil

Écrit-on : *l'an deux mil* ou *l'an deux mille* ? Les deux. Mais si on considère l'étymologie de *mil* et celle de *mille,* on découvre que *mil* vient du latin *mille* désignant un seul millier.

Abrégé en *mil* en ancien français, il a désigné longtemps ce que son étymologie indiquait : un millier.

Mille vient de *milia,* employé lorsqu'il y avait plusieurs milliers, et devenu *mille.*

On devrait donc écrire : *l'an mil* (il n'y a qu'un millier), et *l'an deux mille* (il y a deux milliers). L'usage s'accommode ici d'une alternative entre *mil* et *mille,* mais préfère nettement *mille.*

Zéro

Zéro prend la marque du pluriel lorsqu'il est un nom commun : *Vous méritez deux zéros* !

À l'oral

Quatre-vingts-z-ans, donc *quatre-vingts-z-euros*

Depuis l'introduction de l'euro en 2002, la liaison avec le terme qui précède cette nouvelle (et déjà ancienne) monnaie demeure flottante et, parfois, elle sombre corps et biens dans les abysses de l'erreur. Comment ? En ayant par exemple décidé de ne plus faire aucun accord avec le mot *euro ;* ainsi, on commet une erreur systématique hélas bien installée aujourd'hui.

Dans la bouche de ceux qui la commettent, on dirait que l'euro prend, comme *haricot*, un *h* aspiré… Ainsi, on entend *un / heuro* (comme on dit *un / hasard, un / hibou, un / héros*), *deux / heuros, trois / heuros, deux cents / heuros…*

Pourtant, lorsqu'on dit « J'ai vingt ans », on ne prononce pas « J'ai vingt / hans », mais « J'ai vingt-t-ans » ; lorsqu'on dit « Cet enfant a deux ans », on ne prononce pas « Cet enfant a deux / hans », mais « Cet enfant a deux-z-ans », et son arrière-grand-père a « quatre-vingts-z-ans » et non « quatre-vingts / hans »…

On doit donc prononcer :

1 € : un-n-euro,

2 € : deux-z-euros,

3 € : trois-z-euros,

6 € : six-z-euros

8 € : huit-t-euros

20 € : vingt-t-euros,

21 € : vingt et un-n-euros,

22 € : vingt-deux-z-euros,

33 € : trente-trois-z-euros,

80 € : quatre-vingts-z-euros,

100 € : cent-t-euros,

200 € : deux cents-z-euros,

300 € : trois cents-z-euros,

420 € : quatre cent vingt-t-euros,

500 € : cinq cents-z-euros

Vous n'êtes pas sans le savoir…

- On écrit ou on dit : *page un* (mais on dit la « une » d'un journal), *page vingt et un* (et non *page vingt et une*), *le train partira de la voie (numéro) un* (et non *de la voie une*).
- On écrit sans accorder *vingt* et *cent* : *page quatre-vingt, page deux cent, l'an mille neuf cent, l'année mille neuf cent quatre-vingt*, tous ces nombres indiquant un rang.

Le trait d'union

On met un trait d'union au-dessous de *cent*, sauf :

21 : vingt et un

31 : trente et un

41 : quarante et un

51 : cinquante et un

61 : soixante et un

71 : soixante et onze

Dans les « rectifications de la langue française » qui datent de 1990, il est proposé de mettre un trait d'union partout pour écrire un nombre.

Cette proposition est tolérable pour les petits nombres. Mais pour les grands nombres, la queue leu leu de mots accrochés par un trait d'union produit un effet comique.

Par exemple, lorsqu'on écrit selon les rectifications ce nombre : 397 891 861 998, on obtient ce convoi impressionnant :

> *Trois-cent-quatre-vingt-dix-sept-milliards-huit-cent-quatre-vingt-onze-millions-huit-cent-soixante-et-un-mille-neuf-cent-quatre-vingt-dix-huit.*

Avec la règle classique, en ne mettant des traits d'union qu'au-dessous de *cent*, on obtient :

> *Trois cent* quatre-vingt-dix-sept *milliards huit cent* quatre-vingt-onze *millions huit cent* soixante et un *mille neuf cent* quatre-vingt-dix-huit.

Tous les nombres au-dessous de *cent* (ceux qui ne sont pas en italique), on le voit, prennent des traits d'union, sauf *soixante et un*, dans cet exemple où la règle est appliquée.

Il paraît raisonnable d'appliquer la règle traditionnelle afin d'éviter ce mille-pattes chiffré, règle que voici rappelée et illustrée :

Un trait d'union au-dessous de cent, sauf pour vingt et un, trente et un, quarante et un, cinquante et un, soixante et un, soixante et onze.

Si vous voulez écrire autrement, vous êtes libre !

Sachez seulement qu'en appliquant la règle traditionnelle, vous ne prenez aucun risque.

On s'exerce ?

- Écrivez en toutes lettres :

87 :

120 :

600 :

820 :

2 000 :

2 120 :

6 001 :

7 821 :

10 019 :

280 071 :

700 000 000 :

7 895 456 222 :

2

La règle de l'accord du participe passé

Le participe passé des verbes conjugués avec l'auxiliaire *être* s'accorde avec le sujet.

Le participe passé des verbes conjugués avec l'auxiliaire *avoir* s'accorde avec le complément d'objet direct si celui-ci est placé avant le participe passé.

Montrons l'exemple

- Avec l'auxiliaire *être,* accord avec le sujet :

Ces moutons sont tondus *par le berger* (tondus est accordé avec le sujet bergers)

Les jeunes filles affamées sont séduites *par ces babas*

Les quenottes de cette jeunotte sont cariées *par les bonbons*

- Avec l'auxiliaire *avoir,* accord avec le COD :

– *Ces moutons qu'a* tondus *le berger ont froid* (accord avec le COD que, placé avant *tondus*)

– *Les jeunes filles que ces babas ont* séduites *s'en lèchent les doigts* (accord avec le COD que, placé avant *séduites*)

– *Les bonbons ont* carié *les quenottes de cette jeunotte* (le COD *quenottes* est placé après le participe passé *carié,* pas d'accord)

Les grands moyens pour retenir

- Auxiliaire *être,* accord avec le sujet : deux sons « è », être et sujet
- Auxiliaire *avoir,* accord avec le COD : *avoir* et COD, un « o » central

Le conseil

Avant d'accorder un participe passé, assurez-vous que vous savez ce qu'est un participe passé et ce qu'est un complément d'objet direct. Si vous ne le savez pas, prenez le temps nécessaire pour en devenir un fin connaisseur.

Le participe passé

- Le participe est un des six modes du verbe (indicatif, conditionnel, subjonctif, impératif, participe, infinitif)
- Le participe comporte deux temps : le présent et le passé

Prenons pour exemple le verbe *voter* :

participe présent	votant
participe passé	ayant voté

- Le participe passé est composé, on le voit, du participe présent de l'auxiliaire *avoir* (*ayant*) et du participe passé lui-même : *voté*.

Rappel : pour faire la différence entre un infinitif et un participe passé d'un verbe du 1er groupe (qui se terminent tous les deux par le son « é »), on remplace ce verbe du 1er groupe par un verbe du 3e groupe dont l'infinitif et le participe passé n'ont pas la même terminaison sonore :

	participe passé 1er groupe	participe passé 3e groupe	infinitif 1er groupe	infinitif 3e groupe
j'ai march (é/er ?)	(j'ai) marché	(j'ai) pris		
je vais (é/er ?)			(je vais) marcher	(je vais) prendre

Le complément d'objet direct

- Le complément d'objet direct complète le verbe en précisant **l'objet** (au sens le plus général du terme) sur lequel porte l'action exprimée par le verbe.
- Le complément d'objet direct répond à la question **qui ?** ou **quoi ?** posée à un verbe d'action (et non à un verbe d'état, qui introduit un état du sujet appelé un attribut – les verbes d'état sont : *être, paraître, devenir, demeurer, sembler, avoir l'air, passer pour*).
- Le complément d'objet direct peut être un nom (*j'aime les* pommes) ; un pronom personnel (*les pommes, je* les *ai aimées*) ; un pronom relatif (*les pommes* que *j'ai aimées*) ; un pronom interrogatif (lesquelles *avez-vous aimées* ?)

Le cas particulier

- Lorsque le participe passé est suivi d'un infinitif, on peut obtenir deux sens, selon qu'on accorde le participe passé ou non.

  Par exemple :

  Les lions que j'ai vus *attaquer*

  Ce sont les lions qui attaquent : j'ai vu quoi ? J'ai vu *que,* pronom relatif qui remplace *lions,* et que faisaient ces lions ? Ils attaquaient.

- Le pronom relatif *que,* placé avant le participe passé implique l'accord de ce participe passé au masculin pluriel (*lions*) : *vus.*

  Les lions que j'ai vu *attaquer*

- Le participe passé *vu* n'étant pas accordé, le complément d'objet du verbe *voir* est ici *attaquer,* le sens de la phrase est totalement différent de celle qui précède.

  Ici, ce sont les lions qui ont été attaqués, ce ne sont pas eux qui ont attaqué.

  La cantatrice que j'ai entendue *applaudir* : la cantatrice applaudissait

  La cantatrice que j'ai entendu *applaudir* : la cantatrice était applaudie

Le saviez-vous ?

Le participe passé s'accorde avec le COD placé avant l'auxiliaire *avoir* parce que, dans la phrase, c'est le COD qui est concerné par l'action : dans « les boucles d'oreilles qu'il lui a offertes... », les boucles d'oreille sont concernées par l'action d'offrir, elles sont « offertes ». Si on omet d'accorder en disant « les boucles d'oreilles qu'il lui a offert... », on a l'impression que c'est celui dont il est question qui s'est offert en pendentif ! Ce serait un peu lourd...

Et pourquoi le participe passé ne s'accorde-t-il pas lorsqu'il est placé après ? Le poète Clément Marot (1496-1544) nous donne la réponse, lui qui a énoncé la règle qui existait bien avant lui :

« Enfans, oyez une leçon :
Nostre langue ha ceste façon
Que le terme qui va devant
Volontiers régit le suivant »

On s'exerce ?

1. Ces problèmes ont été imaginé… par un célèbre mathématicien.
2. Les vaches étaient surveillé… par un dogue aussi puissant que beau.
3. Les fromages que j'ai dégusté… provenaient du village de Maroilles.
4. Ces lettres que j'ai écrit… n'ont pas été lu… .
5. Les automobiles sont lavé… par des rouleaux bleus.
6. Ces conducteurs sont verbalisé… par la maréchaussée.
7. Les candidats à ce poste de radiologue ont été reçu… toute la semaine.
8. Vois-tu ces fraises ? J'en ai mangé… après les avoir sucr… .

9. Ces fleurs, il les avait offert… à l'artiste Rosa Bonheur.
10. Ces ouvrages sont offert… par l'auteur lui-même.
11. Les groupes armés qu'on a laissé… attaquer se sont dispersés. (Quel sens ?)
12. Les groupes armés qu'on a laissé… attaquer se sont dispersés. (Quel sens ?)
13. Les antilopes qu'on a vu… manger avaient à peine un an. (Quel sens ?)
14. Les antilopes qu'on a vu… manger avaient à peine un an. (Quel sens ?)
15. Quels livres de cet auteur maudit avez-vous préféré… ?
16. Quels ouvrages de cet auteur charmant avez-vous préféré… conserver ?
17. Les vitres qu'a nettoyé… le commerçant sont rayé… .
18. Ces statues de marbre, nous les avons cru… vivantes.
19. Les poètes ne sont lu… que par d'autres poètes.
20. Les branches qu'ont coupé… les bûcherons brûleront l'hiver prochain.

3

La règle de l'accord du participe passé avec les verbes pronominaux

Le participe passé des verbes pronominaux s'accorde en genre et en nombre avec le complément d'objet direct si celui-ci est placé avant ledit participe passé.

Pour trouver le complément d'objet direct, on remplace l'auxiliaire *être* par l'auxiliaire *avoir.*

Définition

- Qu'est-ce qu'un verbe pronominal ? Dans *pronominal,* il y a *pronom*. Un verbe pronominal est toujours accompagné d'un pronom personnel complément qui représente la même personne que celle du sujet.

- *Les boxeurs* se sont *bien* battus :

Le pronom personnel *se* représente la même personne grammaticale que le sujet *les boxeurs*. Le verbe *se battre* est conjugué à la **voix pronominale** – le sujet *boxeurs* et *se*, le pronom personnel complément, représentent la même personne.

- *Les boxeurs* nous ont *bien* battus :

Le pronom personnel *nous* ne représente pas la même personne grammaticale que le sujet *les boxeurs*. Le verbe *battre* n'est pas pronominal, il est ici conjugué à la **voix active** – le sujet *les boxeurs* fait l'action, il est actif.

- *Les boxeurs* ont été battus :

Aucun pronom personnel complément devant le verbe, qui est ici conjugué à la **voix passive** – le sujet *les boxeurs* subit l'action, il est passif.

On le constate : le verbe *battre* peut donc être conjugué à la voix pronominale, à la voix active ou à la voix passive

Montrons l'exemple

- *Les nouilles* se sont (auxiliaire *être*) *agglutinées au fond de la casserole* :

Les nouilles **ont** (on a remplacé l'auxiliaire *être* par l'auxiliaire *avoir* pour trouver le complément d'objet direct) **agglutiné** quoi ?

Elles ont agglutiné *se* (elles-mêmes), pronom personnel complément d'objet direct de *ont agglutiné* ; il remplace *nouilles*, féminin pluriel ; on accorde donc le participe passé agglutinées au féminin pluriel.

- *Les écureuils* se sont (auxiliaire *être*) *volé leurs noisettes* :

  Les écureuils **ont volé** quoi ? (On a remplacé l'auxiliaire *être* par l'auxiliaire *avoir* pour trouver le complément d'objet direct : ont s'est substitué à se sont).

  Ils ont volé **leurs noisettes**, nom commun. *Leurs noisettes* est complément d'objet direct de *ont volé* ; ce complément d'objet direct est placé après le participe passé ; on n'accorde pas ce participe passé : volé.

  Et quelle est alors la fonction du pronom personnel *se* ? Les écureuils ont volé à qui ? À *se*, pronom personnel complément qui remplace *les écureuils*. La préposition *à* dans la question posée (Les écureuils ont volé à qui ?) indique que *se* est complément d'objet indirect.

- *Après avoir blanchi le linge, les lavandières* se sont (auxiliaire *être*) lavées :

Les lavandières ont lavé quoi ou qui ? Elles ont lavé *se,* pronom personnel qui remplace les lavandières elles-mêmes.

Ce pronom personnel *se* est complément d'objet direct de *ont lavé.* Il est placé avant le participe passé, on accorde donc ce participe passé : lavées.

Attention, si la phrase avait été :

- *Après avoir blanchi le linge, les lavandières* se sont (auxiliaire *être*) lavé *les mains*

  le complément d'objet direct répondant à la question « quoi ? » posée au verbe est *les mains.* Les lavandières ont lavé quoi ? Elles ont lavé *les mains* ; ce COD étant placé après le participe passé, celui-ci ne doit pas être accordé : lavé.

Cas particulier

Certains verbes ne se conjuguent qu'à la voix pronominale. Ce sont les verbes **essentiellement pronominaux** : il en existe une cinquantaine.

Leur participe passé s'accorde toujours avec le sujet.

- *Les gazelles se sont enfuies* :
  Le verbe *s'enfuir* est essentiellement pronominal, on ne peut le conjuguer à la voix active (on ne peut enfuir quelque chose) ou à la voix passive (on n'est jamais enfui par quelque chose). Le

participe passé *enfuies* s'accorde donc avec le sujet *gazelles,* féminin pluriel.

Voici la liste (presque) exhaustive des verbes **essentiellement pronominaux** :

s'absenter, s'abstenir, s'accouder, s'accroupir, s'adonner, s'agenouiller, se blottir, se dédire, se démener, se désister, se gargariser, s'ébattre, s'ébrouer, s'écrier, s'écrouler, s'efforcer, s'élancer, s'emparer, s'empresser, s'enfuir, s'enquérir, s'entraider, s'envoler, s'éprendre, s'esclaffer, s'évader, s'évanouir, s'évertuer, s'exclamer, s'extasier, se formaliser, se gargariser, se gausser, se gendarmer, se goinfrer, s'immiscer, s'ingénier, s'insurger, se méfier, se méprendre, se morfondre, s'obstiner, se pâmer, se pavaner, se prélasser, se prosterner, se raviser, se rebeller, se rebiffer, se récrier, se recroqueviller, se réfugier, se renfrogner, se repentir, se souvenir, se suicider, se targuer, se trémousser, se vautrer.

- Le verbe *s'arroger* est le seul parmi les pronominaux proprement dits à ne pas suivre la règle. On applique la règle de l'accord du participe passé des verbes pronominaux ordinaires.

  Ainsi, dans : *Les titres qu'ils se sont arrogés appartenaient à Roger,* le pronom *se* est COD, et on accorde. Mais dans : *Ils se sont arrogé des titres à Roger, titres* étant considéré comme COD, placé après, on n'accorde pas.

Attention, danger !

Le participe passé des **verbes qui ne peuvent avoir de COD** demeure évidemment **invariable**.

Le plus célèbre de ces verbes dont le participe passé ne s'accorde jamais est *succéder*. Ce verbe est transitif, certes, mais jamais transitif direct, c'est-à-dire qu'il ne peut jamais avoir de complément d'objet direct.

On ne succède pas quelque chose ou ~~à~~ quelqu'un, mais à quelque chose ou à quelqu'un. La préposition *à* devant quelque chose ou quelqu'un indique qu'il s'agit ici d'une construction indirecte.

Le participe passé du verbe *succéder* ne s'accordera donc jamais, puisqu'on accorde le participe passé – conjugué avec l'auxiliaire *avoir* – avec le complément d'objet direct !

On écrit donc : Les journées de fête se sont *succédé* pendant un mois.

Il en est de même pour les verbes *se plaire, se déplaire, se nuire, se parler, se ressembler, se sourire, se suffire, se mentir*, etc.

Soyez vigilant lorsque se succèdent des participes passés dans la même phrase :

> *Jean et Ariane Haciré se sont* rencontrés (transitif direct : ont rencontré *se*, accord avec *se*),
>
> *ils se sont* plu (transitif indirect : ont plu **à** *se*, pas d'accord),

ils se sont nui (transitif indirect : ont nui **à** *se,* pas d'accord),

ils se sont menti (transitif indirect : ont menti **à** *se,* pas d'accord),

ils se sont séparés (transitif direct : ont séparé *se,* accord avec *se*),

puis ils se réconciliés (transitif direct : ont réconcilié *se,* accord avec *se*).

Attention à l'invariabilité

Le verbe faire est suivi d'un infinitif

Le participe passé des verbes *faire* et *se faire* est invariable devant un infinitif :

La coiffure que s'est **fait faire** miss France frise la perfection.

La cantatrice chauve s'est-elle **fait faire** une teinture ?

Le participe passé des verbes impersonnels

Le participe passé des verbes impersonnels (ou bien de ceux qui sont employés impersonnellement) demeure invariable :

Les grandes chaleurs qu'il y a **eu** cet été ont desséché la pelouse.

Vous n'êtes pas sans le savoir…

Certains verbes pronominaux, comme *s'apercevoir* (de quelque chose), **ne sont pas réfléchis**, c'est-à-dire que le pronom personnel *se* ne peut être COD (on ne s'aperçoit pas soi-même lorsqu'on s'aperçoit de quelque chose).

Le participe passé de ces verbes qui forment au point de vue du sens une unité indivisible avec leur pronom complément, s'accorde avec le sujet.

En voici la liste presque complète :

s'apercevoir de, s'acharner à, s'achopper à, s'attacher à, s'attaquer à, s'attendre à, s'aviser de, se douter de, s'échapper, s'ennuyer, se jouer de, se plaindre, se prévaloir de, se refuser à, se résoudre à, se ressentir de, s'en retourner, se saisir de, se servir de, se taire.

Ainsi, on écrira :

> Hélène Avrante et Sophie Fonfec s'étant aperçues de leur erreur, Marc Hassin et Oscar Burant se sont imaginé qu'elles allaient la corriger (le COD de *imaginé* est la proposition *qu'elles allaient la corriger*). Ils ne se sont pas doutés qu'elles étaient déjà parties.

On s'exerce ?

- Accordez s'il le faut les participes passés dans ces phrases :

1. Elles se sont rencontré…
2. elles se sont plu…
3. elles se sont aimé…
4. elles se sont menti…
5. elles se sont haï…
6. elles se sont nui…
7. elles se sont séparé…
8. elles se sont retrouvé…
9. elles se sont souri…
10. elles se sont réconcilié…
11. elles se sont fait… faire de jolies robes
12. Les robes qu'elles se sont fait… leur vont à merveille
13. Les robes qu'elles se sont fait… envoyer leur vont à merveille
14. Elles se sont photographié…
15. Elles se sont photographié… les pieds
16. Elles se sont réchauffé… le cœur
17. Les visiteurs se sont extasié… devant les Rembrandt

18. Dans le musée, des policiers se sont substitué… aux gardiens
19. Les visiteurs ne se sont aperçu… de rien
20. Seuls les voleurs, prêts à agir, se sont douté… de quelque chose.

(4)

La règle de l'accord des adjectifs de couleur

Les adjectifs de couleur prennent un *s* au pluriel (*des tissus* bleus), sauf ceux qui sont issus d'un nom commun (*des yeux* marron).

Six couleurs issues d'un nom commun font exception et prennent la marque du pluriel :

écarlate, mauve, pourpre, incarnat, fauve, rose.

Montrons l'exemple

Des herbes vertes

Des terres marron

Des fleurs jaunes

Des tulipes pourpres

Des yeux mauves

Des joues écarlates

Des robes incarnates

Des juments baies

Des chevaux alezans

Des écharpes écrues

Des teintes vermeilles (mais la SNCF écrit *carte vermeil,* allusion à la médaille de vermeil octroyée pour trente années de travail)

Précisions

- Les noms employés comme adjectifs de couleur ne peuvent prendre la marque du pluriel. Pourquoi ? Parce qu'il y aurait un risque de confusion entre ce que désigne le nom et la couleur évoquée.

  Par exemple, on imagine ce que représente le mot *marrons* avec un *s* ; on voit les fruits du marronnier. Mais lorsqu'il s'agit de la couleur marron, l'objet d'origine disparaît.

  Dans l'expression *des yeux marron,* on entend « des yeux de la couleur du marron ». On ôte mentalement « de la couleur du », et on obtient le singulier pour *marron* qui suit *yeux* au pluriel.

Voici une liste d'adjectifs de couleur appartenant à cette catégorie, donc invariables :

abricot, acajou, ardoise, argent, aubergine, auburn, azur, bistre, bitume, brique, bronze, cachou, café, capucine, caramel, carmin, cerise, champagne, châtaigne, chocolat, citron, coquelicot, corail, crème, cuivre, cyclamen, ébène, émeraude, feuille-morte, framboise, garance, grenat, groseille, havane, indigo, isabelle, jade, jonquille, marron, mastic, moutarde, nacarat, nacre, noisette, ocre, olive, or, orange, paille, pastèque, perle, pervenche, pie, pistache, prune, puce, rouille, safran, saphir, saumon, sépia, serin, soufre, tabac, thé, tilleul, tomate, topaze, turquoise.

- Les adjectifs de couleur d'origine étrangère, *auburn* et *kaki* par exemple, demeurent invariables.
- Dans la liste des six exceptions (couleurs variables issues d'un nom commun), se sont glissés deux noms qui ont plutôt le statut d'adjectifs à l'origine : *fauve* et *incarnat*. Mais cette liste circule dans les mémoires depuis trop longtemps pour être amputée de deux lettres initiales qui lui offrent un moyen mnémotechnique imparable pour être logée définitivement dans la mémoire :

Écarlate, **M**auve, **P**ourpre, **I**ncarnat, **F**auve, **R**ose : **E M P I F R**

De quelques couleurs

La couleur pie

Julien Gracq (1910 – 2007) écrit dans *Un balcon en forêt* :

> « Les quelques maisons semées au hasard dans la prairie, les vaches blanches et noires qui paissaient çà et là, tout cela faisait penser à la douceur des hautes prairies de montagne. »

Il faut croire qu'il y avait donc, dans l'imagination de Julien Gracq, des vaches entièrement blanches et des vaches entièrement noires.

Sinon, il eût dû écrire : *des vaches blanc et noir.*

Il eût aussi pu écrire : *des vaches pie*, c'est-à-dire avec du blanc et du noir, par plaques, comme la pie.

Et si les plaques sont blanches et rouges (des plaques entièrement blanches et d'autres entièrement rouges) ? On écrit alors : *des vaches pie-rouge* ou *rouge-pie.*

Vairon

Vairon vient du latin *varius* signifiant « divers, différent » ou « tacheté, moucheté ». Les yeux vairons sont donc de couleurs différentes, ou bien leur iris est entouré d'un cercle blanchâtre. Cet adjectif s'emploie toujours au masculin.

Pers

L'adjectif de couleur *pers,* qui fait *perse* au féminin, désigne une couleur entre le bleu et le vert, ou bien une couleur où le bleu domine. On l'emploie surtout pour qualifier les yeux : *Athéna, la déesse aux yeux pers.*

Châtain

L'adjectif *châtain* prend la marque du pluriel : *des cheveux châtains.* Au féminin, *châtain* fait *châtaine* (et non *châtaigne*), ou bien ne varie pas (*une chevelure châtain*). Suivi d'un autre adjectif, *châtain* reste invariable : *Sa chevelure est châtain foncé.*

Auburn

L'adjectif *auburn* est invariable : *des cheveux auburn.*

La règle pour les adjectifs de couleur composés

- L'adjectif composé de deux couleurs prend un trait d'union et demeure invariable.
- L'adjectif composé d'une couleur et d'un adjectif qualificatif ne prend pas de trait d'union et demeure invariable.
- L'adjectif composé provenant d'une expression demeure invariable et prend des traits d'union :

des couvertures feuille-morte (de la couleur de la feuille morte) ; *d'émouvantes draperies cuisse-de-nymphe ; des banquettes lie-de-vin* (de la couleur de la lie de vin).

Montrons l'exemple

Des reflets bleu-vert

Des reflets bleu clair

Des yeux marron clair

Des cheveux châtain foncé

Des cerises rouge vif

Des automobiles gris-bleu

Des oiseaux brun-roux

Vigilance

- Lorsque l'élément désigné possède deux couleurs ou plus, ces couleurs demeurent au singulier :

  Des chemises gris et bleu (chaque chemise possède du gris et du bleu).
- Lorsque l'élément désigné est présenté de deux ou plusieurs couleurs différentes, ces couleurs prennent la marque du pluriel :

Des chemises grises et bleues (il y a des chemises grises et des chemises bleues).

- Évidemment, on bute sur l'impossibilité de faire cette distinction si sont utilisés des noms communs pour désigner les couleurs :

  Des chemises orange et prune (chacune d'elles possède-t-elle de l'orange et du prune, ou bien y a-t-il des chemises orange d'un côté et de l'autre des chemises prune ? Petite impasse de la langue française...).

La règle pour les couleurs employées comme noms communs

- La couleur employée comme nom commun varie comme un nom commun :

  Les bleus de ce peintre sont éclatants

  Les oranges de Matisse sont étonnants

  Les prunes de cette tapisserie contrastent avec le beige

  Les kakis de ces tenues militaires sont presque verts

- Lorsque le nom au pluriel est accompagné d'un autre nom, celui-ci ne s'accorde pas : *des rouges sang* (de la couleur du sang), *des verts pomme* (de la couleur de la pomme).
- Lorsque le nom pluriel est accompagné d'un adjectif, celui-ci prend la marque du pluriel : *des*

rouge vifs (des rouges qui sont vifs) ; *des jaunes intenses* (des jaunes qui sont intenses) ; *les bleus clairs de ce tableau me séduisent.*

- Lorsque le nom de couleur est un nom composé, il demeure invariable : *les bleu-vert de ce tableau me séduisent ; les lie-de-vin sont très utilisés par ce tapissier.*

On s'exerce ?

- À vous d'ajouter d'éventuels traits d'union.

1. Des vert… bouteille…
2. Des blanc… verdâtre…
3. Des murs blanc… verdâtre…
4. Des chandails vert… bouteille…
5. Des vaches pie… rouge…
6. Sa cravate est bleu… et noir… .
7. Ses chaussettes sont marron… .
8. Ses chaussettes jaune… citron… étonnent même son pied.
9. Les rouge… pâle… de cette toile sont fades.
10. Les bleu… vert… de cette couverture ont passé.
11. Les groseille… et les pastèque… de sa palette concurrencent celles de Picasso.
12. Son cadeau est orné de nœuds cerise… .

13. Elle avait choisi des rubans nacarat… .
14. Elle avait des yeux zinzolin… .
15. Quelle belle chevelure châtain… !
16. Elle utilise des rouge… à lèvres turquoise… .
17. Les pétales rose… de mon cerisier volettent dans l'atmosphère bleu… clair… .
18. La robe kaki… qu'elle porte me plaît.
19. Sa jument alezan… est malade, sa jument bai… clair… est guérie.

5

La règle de l'accord des noms communs

Le nom commun prend un *s* au pluriel.

Montrons l'exemple

Une prairie, des prairies

Une voiture, des voitures

L'arbre, les arbres

Le cerisier, les cerisiers

Identifier

Comment identifier le nom commun ? C'est très simple, on peut le faire précéder d'un déterminant :

le *chat,* cette *pâtée,* mon *cheval,* du *foin.*

Le nom commun varie en nombre :

Les *chats,* ces *pâtées,* mes *chevaux,* les *foins.*

Il possède un genre (et parfois même deux) :

le *mouchoir,* la *feuille.*

Le règle des mots terminés par -ou

Les noms communs terminés par *-ou* prennent un *s,* sauf sept d'entre eux qui prennent un *x* :

Un bijou, des bijoux

Un caillou, des cailloux

Un chou, des choux

Un genou, des genoux

Un hibou, des hiboux

Un joujou, des joujoux

Un pou, des poux

Cas particulier

Le mot de verlan *ripou,* qui signifie « pourri » en langage verlan (à l'envers), s'écrit au pluriel tantôt avec un *s,* tantôt avec un *x.*

Les grands moyens pour le retenir

Comment retenir les sept noms communs qui prennent un *x* au pluriel ? Le poète Robert Desnos (né à *Paris* en 1900 - mort à *Terezin,* République

Tchèque, en 1945) a écrit un charmant poème qui allie grammaire et plaisir, poème que – pourquoi pas – vous pouvez apprendre par cœur car, parfois, la mémoire défaille…

Les hiboux

Ce sont les mères des hiboux
Qui désiraient chercher les poux
De leurs enfants, leurs petits choux,
En les tenant sur les genoux.
Leurs yeux d'or valent des bijoux,
Leur bec est dur comme cailloux,
Ils sont doux comme des joujoux,
Mais aux hiboux point de genoux !
Votre histoire se passait où ?
Chez les Zoulous ? les Andalous ?
Ou dans la cabane Bambou ?
À Moscou ou à Tombouctou ?
En Anjou ou dans le Poitou ?
Au Pérou ou chez les Mandchous ?
Hou ! Hou !
Pas du tout c'était chez les fous.

Robert Desnos – *Chantefables*

La règle des noms terminés par -al

Les noms terminés par *-al* font leur pluriel en *-aux*.

Montrons l'exemple

Un journal, des journaux

Un minéral, des minéraux

Un cheval, des chevaux

Un canal, des canaux

Un littoral, des littoraux

Montrons les exceptions à la règle

Un bal, des bals

Un carnaval, des carnavals

Un cérémonial, des cérémonials

Un chacal, des chacals

Un festival, des festivals

Un pal, des pals

Un récital, des récitals

Un régal, des régals

Et quelques mots moins courants : *des avals, des cantals, des chorals, des emmenthals, des gavials, des mistrals, des nopals, des rorquals, des sisals.*

La règle des noms terminés par -au ou -eau

> Les noms terminés par *-au* ou *-eau* prennent un *x* au pluriel.

Montrons l'exemple

Un tuyau, des tuyaux

Un cadeau, des cadeaux

Montrons les exceptions à la règle

Les exceptions sont au nombre de deux :

Un landau, des landaus

Un sarrau, des sarraus

Les noms terminés par -ail

> Les noms terminés par *-ail* s'écrivent *-ails* au pluriel.

Un attirail, des attirails

Un autorail, des autorails

Un éventail, des éventails

Montrons les exceptions à la règle

Un bail, des baux

Un corail, des coraux

Un émail, des émaux

Un soupirail, des soupiraux

Un travail, des travaux

Un travail, des travails (lorsqu'il s'agit de l'appareil pour immobiliser les gros animaux)

Un vantail, des vantaux

Un vitrail, des vitraux

Mais on écrit au pluriel

Un crédit-bail, des crédits-bails

Un corail, des corails (pour la partie orange de la coquille Saint-Jacques, ou pour des objets fabriqués en corail)

Un émail, des émails (lorsqu'il s'agit d'activités où on utilise l'émail : peinture, vernis…)

La règle des noms terminés par -eu ou -œu

Les noms terminés par *-eu* ou *-œu* prennent un *x* au pluriel :

Un jeu, des jeux

Un milieu, des milieux

Un feu, des feux

Un vœu, des vœux

Montrons les exceptions à la règle

Un bleu, des bleus

Un émeu, des émeus

Un lieu, des lieus (il s'agit du poisson, le lieu, appelé aussi colin ou lieu noir)

Un pneu, des pneus

La règle des noms terminés par s, x, z

Les noms terminés par *s, x* ou *z* demeurent invariables au pluriel :

Un puits, des puits

Un pays, des pays

Un creux, des creux

Un gaz, des gaz

Un nez, des nez

Un riz, des riz, etc.

La règles pour le pluriel des mots d'origine étrangère

La règle pour le pluriel des mots anglais

On a le choix entre le **s** immédiat ou le **s** précédé de ***e***:

Des flashs ou *des flashes*

Des sandwichs ou *des sandwiches*

Des matchs ou *des matches*

Des sketchs ou *des sketches*

Des speechs ou *des speeches*

Des ranchs ou *des ranches*

Des gentlemen ou *des gentlemans*

Des whiskies ou *des whiskys*

Des dandies ou *des dandys*

La règle pour le pluriel des mots italiens

On a le choix pour le pluriel entre le ***i*** (pluriel italien) ou le **s** (pluriel français) :

Un graffiti, des graffiti(s)

Un lazzi, des lazzi(s)

Un confetti, des confetti(s)

Un scenario, des scenarii ou *scénarios*

Un impresario, des impresarii ou *imprésarios*

La règle pour le pluriel des mots allemands

Un leitmotiv, des leitmotiv ou *leitmotive* (pluriel allemand) ou *leitmotivs*

Un lied, des lieder (pluriel allemand) ou *lieds*

La règle pour le pluriel des mots latins

Un erratum, des errata

Un desideratum ou *un désidérata, des desiderata* ou *désidératas*

Un addenda ou *des addenda* ou *des addendas*

Un duplicatum ou *un duplicata, des duplicata* ou *des duplicatas*

Un déficit, des déficits

Un pater, des pater ; un ave, des ave ; un requiem, des requiem ; un credo, des credo

La règle pour le pluriel des mots empruntés à d'autres langues

Le singulier du mot *Touareg* désignant un peuple nomade du Sahara devrait être, si on respectait la langue de ce peuple : *Targui*. On aurait ainsi : un chef *targui,* des guerriers *touareg.*

Mais l'usage a fait varier à la française le mot *Touareg,* ce qui donne :

Un Touareg, des Touaregs

Des guerriers touaregs (ou *touareg*)

La femme touareg

Dans le même esprit de respect de la langue d'origine, on devrait dire :

Un méhari, des méhara ; on écrit plutôt : *des méharis*

Un oued, des ouadi ; on écrit plutôt : *des oueds*

Un ksar, des ksour ; on écrit rarement : *des ksours*

Beaucoup plus au nord, dans les régions arctiques de l'Amérique du Nord, on devrait dire :

Un Inuk, des Inuit ; on écrit plutôt : *un Inuit, des Inuits.*

La règle du pluriel pour les noms de la musique

Les termes désignant les nuances à apporter dans l'exécution d'une partition demeurent invariables :

Un crescendo, des crescendo

Un forte, des forte

Un adagio, des adagio

Mais si, par métonymie, certains de ces termes désignent l'air dominant dans le mouvement, on écrit *des adagios, des andantes, des allegros,* etc.

La règle du pluriel pour *œil, ciel, aïeul*

Ces trois mots possèdent un double pluriel en fonction du sens qu'on leur donne :

- *Un œil, des yeux*
  Un œil qui a pour pluriel des *yeux* est l'organe de la vue. On parle aussi des *yeux* du gruyère, des *yeux de la vigne.*

- *Un œil, des œils*
  Des œils désigne des ouvertures, des trous qu'on trouve dans les noms composés : *des œils-de-bœuf, des œils-de-perdrix, des œils-de-chat.* C'est aussi, en imprimerie, la partie de la lettre qui s'imprime sur le papier : *les œils des caractères.*

- *Un ciel, des cieux*
  Le ciel est celui que nous avons au-dessus de la tête. En ce sens, il fait au pluriel : les *cieux.*

- *Un ciel, des ciels*
  Cependant, si *ciel* désigne, par métonymie, une région, un lieu particulier ou bien la partie d'un paysage dans le tableau d'un peintre, il devient *ciels* au pluriel : *Les ciels de Monet font penser à l'azur de Mallarmé.* On écrit aussi : *un ciel de lit, des ciels de lit.*

- *Un aïeul, des aïeuls*

Un aïeul est un grand-père, une *aïeule* est une grand-mère, les *aïeuls* sont les grands-parents. Les parents des *aïeuls* sont appelés les *bisaïeuls* (parents des grands-parents). On appelle *trisaïeuls* les grands-parents des grands-parents.

Les aïeux désigne les ancêtres et ne possède pas de singulier.

La règle du pluriel pour les noms de mois

Les noms des mois prennent la marque du pluriel.

Montrons l'exemple

Les janviers

Les févriers

Les mars

Les avrils

Les mais

Les juins

Les juillets, etc.

La règle pour le pluriel des jours

Les jours de la semaine prennent la marque du pluriel.

Montrons l'exemple

Les lundis

Les dimanches

Les mercredis

Tous les mardis

Tous les vendredis soir

Tous les dimanches matin

Tous les mercredis et jeudis

Cas particuliers

Ouvert tous les mercredis et jeudis

Ouvert les mercredi et jeudi de chaque semaine (il n'y a qu'un mercredi et un jeudi par semaine)

Selon la même logique, on écrira : *Ce périodique paraît les deuxième et quatrième mercredis de chaque mois*

Observons les noms essentiellement pluriels

Il existe des noms employés essentiellement au pluriel. En voici la liste presque complète :

agrès (appareils destinés aux exercices en gymnastique)

aguets
ambages
annales
archives
armoiries
arrhes
babines
besicles
bestiaux
brisées
calendes
catacombes
condoléances
confins
dépens
ébats
entrailles
environs
floralies
funérailles
gémonies
honoraires
ides
intempéries
mânes
menstrues
mœurs
obsèques
pénates
pierreries
prémices
préparatifs
rillettes
royalties
sévices
thermes
vêpres
victuailles
vivres

La règle pour le pluriel de *euro*

Voici les précisions concernant l'euro, parues au Journal Officiel du 2 décembre 1997 : « *Les termes* euro *et* cent, *qui désignent respectivement la monnaie européenne et sa subdivision, doivent, en français, prendre la marque du pluriel, conformément à l'usage qui prévaut dans cette langue pour les noms communs. Il convient donc d'écrire :* des euros, des cents. *Le terme* cent, *conformément à l'usage français, doit se prononcer comme l'adjectif numéral* cent *(comme* sang*), au singulier comme au pluriel.* »

La règle pour le pluriel des noms propres

- Les noms de famille ne varient pas :

  Les Corneille, Pierre et Thomas

  Les Racine, Jean et Louis

  Les Durand

  Les Dupont

  Les Martin

- Le nom de familles illustres varie :

  Les trois Horaces

  Les Bourbons

  Les Stuarts

Les Tudors

Les Guises

Les Condés

- Les familles illustres étrangères ne varient pas :

  Les Romanov

  Les Hohenzollern

  Les Habsbourg

La règle du pluriel pour les noms d'œuvres

- Lorsque les noms propres désignent, par métonymie (plus précisément par *antonomase*), l'œuvre produite, ils ne varient pas :

  J'ai acheté deux Matisse que je n'ai pas pu payer.

  Il vendit trois Poussin pour entretenir sa cocotte.

- Lorsqu'on utilise pour nom commun un nom propre (cela se nomme aussi une *antonomase*), le nom prend la marque du pluriel dans beaucoup de cas, mais on peut aussi le trouver au singulier :

  Que créent les Mozarts de notre époque ?

  Les nouveaux Gandhis désirent toujours la paix.

  Les Caïn tueront toujours les Abel par jalousie.

- L'emploi de la minuscule oblige à accorder au pluriel :

Ces rentiers sont des harpagons.

Les gavroches de toutes les époques sont bravaches.

La règle pour les noms de villes et de pays

Les noms de villes et les noms de pays ne varient pas, quoiqu'on ait pu lire :

Les deux Allemagnes

Les deux Europes

Les deux Chines

Cela peut se justifier si on veut parler de deux parties ou d'aspects distincts d'un même pays :

Les trois Amériques

La règle pour les noms de magazines et de journaux

Les titres de magazines ou de journaux demeurent invariables :

J'ai acheté cinq Marianne après la parution de mon article.

Il a brûlé sept Figaro pour allumer son feu.

Nous attendons douze Libération.

La règle pour les marques commerciales

Les noms de marques commerciales, les modèles de voitures ne prennent pas la marque du pluriel :

J'ai acheté trois Canon pour photographier mes deux Scénic Renault.

Mais, à mesure que le nom de marque s'infléchit vers l'usage commun et devient donc, dans l'esprit de l'utilisateur, un nom commun, on constate que la marque du pluriel apparaît. Ainsi, le *Martini*, ce vin cuit italien produit par *Martini et Rossi*, d'abord nom propre avec majuscule et invariable, a été tellement consommé qu'il est devenu nom commun variable, avec une minuscule : *des martinis*.

La règle pour le pluriel des noms composés

Dans un nom composé, les mots invariables demeurent invariables ; les mots variables varient si l'accord effectué ne va pas à l'encontre du bon sens.

Le plus simple est de procéder au classement des différentes catégories de noms composés que gouvernent des règles générales très faciles à comprendre et à assimiler.

Montrons l'exemple

Nom + nom

Les deux varient (avec ou sans trait d'union) :

Un chou-fleur, des choux-fleurs (un chou, une fleur, des choux, des fleurs)

Une porte-fenêtre, des portes-fenêtres

Un laurier-rose, des lauriers-roses

Nom + nom + réflexion…

Réfléchir au moment d'accorder permet de choisir d'accorder ou non le deuxième nom.

Par exemple que pour *des hommes clé,* ces hommes représentent *la clé* du problème,

Pour des *voyages éclair,* ces voyages se font le temps d'un éclair,

Pour *des robes modèle,* il s'agit de robes qui vont servir de modèle.

Nom + complément de détermination

Si le nom est accompagné d'un complément de détermination (c'est-à-dire qui répond à la question *de quoi ?, à quoi ?* ou *de qui ?* posée au nom), ce complément ne s'accorde pas :

Des timbres-poste (des timbres pour quoi ? pour la poste)

Des chefs-d'œuvre

Des arcs-en-ciel

Des pots-de-vin

Des pommes de terre

Des chemins de fer

Des gardes-chasse

Des années-lumière…

- **Exceptions**

  des pot-au-feu

  des tête-à-tête

- **Cas particulier**

  Des aller et retour (singulier) ou *des allers et retours* (pluriel) ou *des allers-retours* (pluriel) ou *des aller-retour* (singulier).

Nom + adjectif

Les deux varient.

Des coffres-forts

Des basses-cours

Des rouges-gorges

Des beaux-frères

Des plates-bandes

Des plates-formes

Des arcs-boutants

Des lieux-dits

Des sages-femmes

Des francs-maçons

- **Cas particuliers**

L'adjectif grand suivi d'un nom féminin pluriel peut être accordé ou rester au singulier :

Des grand(s)-mères

Des grand(s)-tantes

Des grand(s)-routes (on écrit *des grands-pères, des grands-parents, des grands-ducs*)

L'adjectif demi, placé avant le nom, ne varie pas :

Une demi-heure

Des demi-portions

Des demi-finales

Des pur-sang (en réfléchissant, on peut se dire qu'il s'agit de chevaux dont le *sang* est *pur*)

Des sang-mêlé

Des demi-sang

Adjectif + adjectif

Les deux adjectifs s'accordent au pluriel : *des sourds-muets.*

Verbe + complément

Dans un mot composé d'un verbe et d'un nom, le verbe ne varie pas. Seul le nom varie si cela est nécessaire :

Un casse-noisette, des casse-noisettes

Un ouvre-boîte, des ouvre-boîtes

Un ouvre-bouteille, des ouvre-bouteilles

Un porte-drapeau, des porte-drapeaux

Un couvre-lit, des couvre-lits

Un couvre-pied (parfois : *un couvre-pieds*), *des couvre-pieds*

Un garde-boue, des garde-boue

Un passe-montagne, des passe-montagnes

Un pense-bête, des pense-bêtes

Un pèse-lettre, des pèse-lettres

Un pique-nique, des pique-niques

Un tire-bouchon, des tire-bouchons (mais *un tire-fesses* étant donné le caractère indissociable de ce qui est tiré)

- **Le nom ne varie pas toujours :**

Un garde-boue, des garde-boue (il s'agit de *la boue*)

Un réveille-matin, des réveille-matin (pour *le matin*)

Un faire-part, des faire-part

Un gagne-petit, des gagne-petit

Un porte-plume, des porte-plume (ils portent chacun *une plume*)

Un au revoir, des au revoir

Un aide-mémoire, des aide-mémoire

- **Cas particulier**

Un ayant droit, des ayants droit (sans trait d'union) :

Le participe présent *ayant*, normalement invariable, varie mais seulement en nombre, ce qui donne *des ayants droit* (le nom *droit* ne varie pas).

- **Le nom peut être au pluriel dans le nom composé singulier :**

  Un vide-ordures

  Un porte-avions

  Un porte-clés

  Un porte-serviettes

  Un porte-revues…

  Un soutien-gorge, des soutiens-gorge, ou parfois *des soutien-gorge, des soutiens-gorges* (l'orthographe logique eût été : *des soutient-gorge,* ce qui soutient la gorge, mais il semble que le raisonnable ici ne soit pas le bienvenu).

Mot invariable + nom

Le mot invariable reste invariable. Seul le nom peut prendre la marque du pluriel :

Un non-lieu, des non-lieux

Une avant-garde, des avant-gardes.

Éléments soudés

Un bonhomme, des *bonshommes* (on doit prononcer des *bon - zomes)*

Un gentilhomme, des *gentilshommes* (on prononce des *genti - zomes*)

Monseigneur, messeigneurs

Verbe + verbe

Aucun accord, puisque le verbe dans les mots composés demeure invariable :

Un laissez-passer, des laissez-passer

Un va-et-vient, des va-et vient

Phrases nominalisées

Un sot-l'y-laisse, des sot-l'y-laisse

Un ouï-dire, des ouï-dire

Un m'as-tu vu, des m'as-tu vu

Un on-dit, des on-dit

Préposition + nom

La préposition ne varie pas, le nom peut varier ou bien ne pas s'accorder :

Un après-dîner, des après-dîners,

Un après-midi, des après-midi (après l'heure de midi)

Un après-rasage, des après-rasages

Un après-shampooing (après un shampooing), des *après-shampooings* (après des shampooings)

Un avant-projet, des avant-projets

Une avant-première, des avant-premières

Un avant-goût, des avant-goûts

Une avant-garde, des avant-gardes

Les composés de extra

Beaucoup de composés de *extra* ne font qu'un seul mot, leur accord devient alors très simple :

Un extraterrestre, des extraterrestres

Si le nom *extra*, qui désigne un prestataire de service engagé pour un temps limité, varie (*Ils ont engagé trois extras*), l'adjectif *extra* est invariable, de même que l'élément qu'on trouve dans *extra-fin*. On écrit donc : *des petits pois extra-fins.*

L'agglutination est aujourd'hui fréquente : *des haricots extrafins.*

Traits d'union et mots composés

- **Mot composé avec *anti***

Les mots commençant par *i* et précédés d'anti prennent un trait d'union :

Anti-inflammatoire

Anti-infectieux

Pour les autres, il y a agglutination :

Anticonstitutionnellement,

Anticonformiste...

- **Mot composé avec *auto***

Pour les mots commençant par auto, dans la plupart des cas, il y a agglutination :

Autoallumage

Autogestion

Autoaccusation

Les mots commençant par *i* sont précédés d'un trait d'union :

Auto-infection,

Auto-intoxication…

Certains mots nouveaux subissent une période probatoire avec trait d'union avant d'entrer définitivement dans l'usage : *auto-évaluation* semble avoir fait ses preuves car on le rencontre de plus en plus souvent sous la forme agglutinée : *autoévaluation.*

- **Mots composés avec *compte***

On emploie le trait d'union :

Compte-gouttes

Compte-pas

Compte-fils

Compte-tours

Attention : un compte rendu sans trait d'union (*des comptes rendus*)

- **Mot composé avec *contre***

Contre est relié par un trait d'union aux mots commençant par *a, e, i* :

Contre-allée

Contre-emploi

Contre-indication

Pour les autres mots, le classement est difficile :

Controffensive, contrordre…

- **Mot composé avec *entre***

Entre est la plupart du temps agglutiné :

S'entradmirer, s'entraider, s'entraimer, entrapercevoir, entrelarder ; sauf dans *s'entre-déchirer, s'entre-égorger, s'entre-détruire, s'entre-manger.*

- **Mot composé avec *faux***

Faux n'est guère suivi du trait d'union :

Faux passeport

Faux papiers

Faux jour

Faux bourdon (insecte), etc.

On trouve cependant :

Faux-bourdon (musique)

Faux-filet

Faux-semblant (des faux-semblants)

Faux-fuyant (des faux-fuyants)

Faux-monnayeur

- **Mot composé avec *grand***

Lorsque *grand* forme avec ce qui le suit un nom ou un pronom, il est suivi d'un trait d'union. On écrit :

Une grand-croix (*des grand-croix* lorsqu'il s'agit de la dignité la plus haute d'un ordre, *des grands-croix* s'il s'agit des personnes qui ont reçu cette distinction ; attention, toujours en matière de distinctions, on écrit *un grand officier* sans trait d'union, de même qu'*un grand prêtre, un grand prix, un grand vizir*)

Un grand-duc, des grands-ducs

Une grande-duchesse, des grandes-duchesses

Un grand-oncle, des grands-oncles

Une grand-maman, des grand(s)-mamans

- **Mot composé avec *non***

Non est suivi d'un trait d'union s'il forme avec ce qui le suit un nom commun :

La non-violence de ce non-conformiste fut récompensée par un non-lieu.

Mais si le mot formé est un adjectif, il n'y a pas de trait d'union :

C'est un homme non violent.

Un artiste non conformiste.

Le citoyen d'un pays non aligné.

- **Mot composé avec *quasi***

Même règle pour *quasi* :

La signature d'un quasi-contrat est quasi impossible.

- **Mot composé avec *post***

On agglutine :

Postnatal

Postglaciaire

Postposition…

Sauf pour *post-scriptum, post-partum, post-mortem.*

On s'exerce ?

1. Des émeu… sont visibles dans le zoo.
2. Le prix de l'entrée est fixé à dix euro… .
3. À travers les soupira… du château, on apercevait la réserve de pommes.
4. Deux œil…-de-bœuf… ornaient la façade.
5. Magasin ouvert les lundi… et mercredi… de chaque semaine.
6. Les deux Lecomte… viennent dîner ce soir.
7. Les porte…-fenêtre… sont ouvertes.
8. Les porte…-parole… ont fait une déclaration.
9. Enverras-tu des faire…-part… de naissance ?
10. Nous ne trouvons pas nos tire…-bouchon… .

11. Les hibou… ont-ils des pou… ?
12. Avez-vous acheté vos landau... pour vos jumeau… ?
13. Le poissonnier nous a vendu deux lieu… .
14. Quand les juillet… faisaient crouler les cie… … .
15. Les Tudor… se levaient-ils de bonne heure ?
16. Les Habsbourg… ont toujours vécu à la cour.
17. Ces giboulées produisent de beaux arc…-en-ciel… .
18. Les rouge…-gorge… chantent dès le matin.
19. J'arrive dans une demi…-heure.
20. Les garde…-chasse… avaient démonté leurs garde…-boue… .

6

La règle de l'accord de l'adjectif qualificatif

L'adjectif qualificatif s'accorde en genre et en nombre avec le mot qu'il qualifie.

Montrons l'exemple

L'accord en genre

On forme le féminin des adjectifs en ajoutant un *e,* ce qui donne : *meilleur / meilleure, grand / grande, petit / petite,* etc.

Cas particuliers

Cependant la règle générale comporte des particularités :

- **Les adjectifs terminés par** -eil, -el, -ien, -on, -ul doublent leur consonne finale lorsqu'ils sont employés au féminin :

  Pareil / pareille

  Cruel / cruelle

  Ancien / ancienne

  Bon / bonne

  Nul / nulle

- **Les adjectifs terminés par** -et (*muet* par exemple) doublent le *t* au féminin :

  Fluet / fluette

  Coquet / coquette

  Sauf : *complet / complète, concret / concrète, désuet / désuète, discret / discrète, inquiet / inquiète, replet / replète, secret / secrète*

- **Terminés par** -ot, les adjectifs qualificatifs se terminent par -ote au féminin :

  Idiot / idiote

  Falot / falote

  Bigot / bigote

  Dévot / dévote

  Rigolo / rigolote

  Manchot / manchote

  Huguenot / huguenote

Sauf ceux qui doublent le *t* au féminin :

Boulot / boulotte

Jeunot / jeunotte

Maigriot / maigriotte

Pâlot / pâlotte

Sot / sotte

Vieillot / vieillotte

- **Les adjectifs qualificatifs terminés par** -er font *-ère* au féminin :

  Léger / légère

  Cher / chère

- **Terminés par un** -x, ils forment leur féminin en *-se*, sauf :

  Faux / fausse

  Roux / rousse

  Doux / douce

- **S'ils sont terminés par un** -f, leur féminin est en *-ve* :

  Neuf / neuve

  Veuf / veuve

- **L'adjectif** bénin fait *bénigne* au féminin.
- **L'adjectif** malin ne fait pas, comme on peut l'entendre parfois, et même le lire (rarement), *maline,* mais *maligne.*

C'est pour imiter le langage oral que Verlaine ou Rimbaud ont écrit *maline,* donnant à leurs vers une fraîcheur et une spontanéité voulues, désirées. On ne doit pas les suivre, puisqu'ils savaient eux-mêmes que cet emploi relevait de l'exceptionnel au service d'une expression particulière.

Malines existe, mais c'est une ville de Belgique.

Une maline est aussi un terme de marine désignant une grande marée lors de la nouvelle ou de la pleine lune.

- Turc fait au féminin *turque,* en perdant le *c* de *turc* :

  Un camion turc

  Une embarcation turque

- Public fait *publique* au féminin :

  L'enseignement public

  L'école publique

- Caduc fait *caduque* au féminin.

- Grec a pour féminin *grecque,* en conservant le *c* de *grec* :

  Un architecte grec

  Une danse grecque

- D'autres adjectifs qualificatifs font leur féminin d'une façon qui leur est particulière. En voici quelques-uns :

  Absous / absoute

Andalou / Andalouse

Dissous / dissoute

Fou / folle

Mou / molle

Enchanteur / enchanteresse

Esquimau / esquimaude

Hébreu / hébraïque (pour les choses), *juive* ou *israélite* (pour les personnes)

Pécheur / pécheresse (mais *pêcheur / pêcheuse à la ligne*)

Vengeur / vengeresse, etc.

L'accord en nombre

L'adjectif qualificatif prend un **s** au pluriel.

Cas particuliers

Les adjectifs terminés par *-eau* forment leur pluriel en *-x*:

Beau / beaux

Jumeau / jumeaux

Nouveau / nouveaux, etc.

Même règle pour:

Esquimau, qui devient *esquimaux* au pluriel

Hébreu, qui prend un *x* au pluriel: *hébreux.*

Les adjectifs terminés par *-al* font leur pluriel en *-aux*:

Loyal / loyaux

Estival / estivaux, etc.

Sauf :

Banal / banals

Bancal / bancals

Fatal / fatals

Finals / finals

Glacial / glacials

Natal / natals

Naval / navals

Pour *jovial,* le pluriel est soit *jovials* (le plus fréquent), soit *joviaux.*

- **Banal, banals**

Le pluriel de *banal* est *banaux* lorsqu'il s'agit du four à *ban,* le four du seigneur au Moyen Âge. Mais dans tous les autres cas, le pluriel de *banal* est *banals* : *des faits banals, des résultats banals, des projets banals,* etc.

- **Final, finals**

Le pluriel de *final* est *finals* et non le curieux *finaux,* qui peut être confondu avec *finaud* (qui signifie « fin et rusé »). Lorsqu'on entend « résultats finau… », on peut se demander s'ils cachent habilement leur jeu ou s'ils ne gagneraient pas à devenir « finals », des « résultats finals », seule forme correcte.

Les adjectifs qualificatifs invariables

- *Chic*, par exemple, ne s'accorde jamais :

  Un homme chic

  Une femme chic

  On imagine mal écrire : *Une femme chique* ; cela signifierait que cette femme use de tabac à chiquer…

  Des réceptions chic

  Des robes chic, etc.

- *Snob* peut varier en nombre, pas en genre, car on le confondrait alors avec la conjugaison du verbe *snober* (« mépriser ») :

  Des gens snobs (ou *snob*)

  Une jeune fille snob

L'accord selon la place de l'adjectif

- L'adjectif placé avant le nom qu'il qualifie (antéposé) demeure invariable.

Demi, placé avant le nom, est invariable et relié à celui-ci par un trait d'union :

Une demi-heure

Une demi-douzaine

Trois demi-douzaines

Mi se place avant le nom et reste invariable :

La mi-saison

La mi-carême

À mi-hauteur

À mi-voix

À mi-côte

Nu, placé avant le nom, est invariable et relié par un trait d'union :

Je vais nu-tête

Un nu-pied, des nu-pieds

Cependant on écrit :

Nue-propriété (propriété d'un bien dont l'usufruit appartient à quelqu'un d'autre)

Nues propriétés

Nus propriétaires

Nue-propriétaire

Nues-propriétaires

- L'adjectif postposé, placé après le nom qu'il qualifie, varie :

Demi, placé après le nom, varie en genre et ne lui est pas relié par un trait d'union :

Une heure et demie

Minuit et demi (*demi* car *minuit* est masculin, mais Valéry Larbaud écrit « minuit et demie »)

Midi et demi (*demi* car *midi* est masculin)

Nu, placé après le nom, varie :

Il se promène tête nue.

Possible

Possible est invariable lorsqu'il est employé avec *le plus, le moins, le meilleur* :

Rapportez le plus de documents possible (le plus possible de…), mais :
Rapportez tous les documents possibles.

Fort

On dit : *Elle s'est fait fort de le convaincre* (et non : *elle s'est fait forte…*).

Feu

L'adjectif *feu* signifie « qui a accompli son destin », c'est-à-dire « mort ».

Cet adjectif s'accorde avec le nom s'il est précédé d'un déterminant :

La feue reine

Mes feus (et non *feux* ici…) *grands-parents.*

Mais il ne varie pas s'il précède le déterminant :

Feu mes grands-parents.

L'adjectif varie en degré

L'adjectif qualificatif exprime une caractéristique avec plus ou moins de force, et cela de deux façons :

Au moyen du comparatif

- **d'infériorité :**

Ta tablette est moins performante que la mienne ; l'adjectif qualificatif *performante* est encadré de *moins... que*, qui exprime l'infériorité.

- **d'égalité :**

Ma tablette est aussi performante que celle de Julien ; encadré par *aussi... que*, le qualificatif *performante* est mis en situation d'égalité.

- **de supériorité :**

La tablette de Julien est plus performante que celle de Julienne ; *plus... que* exprime la supériorité de la qualité *performante* exprimée au moyen de l'adjectif qualificatif.

Au moyen du superlatif

- **d'infériorité :**

Ma tablette est la moins grande ; le superlatif peut ici être *relatif* si on sous-entend « la moins grande de celles qui sont dans le magasin » ; il peut être absolu s'il n'y a pas de référence de groupe d'appartenance.

- **de supériorité :**

Ta tablette est la plus belle ; dans cet exemple aussi, le superlatif peut être relatif ou absolu.

Pour le meilleur et pour le pire

Meilleur est le comparatif de supériorité de *bon*.

On ne dit pas : *Ce yaourt aux fraises est plus bon que celui à la vanille*, mais *Ce yaourt aux fraises est meilleur que celui à la vanille.*

Cependant, *plus* et *bon* peuvent cohabiter dans des phrases comme : *Cet huissier est plus bon que juste ; Ces nouveaux romans sont plus ou moins bons.*

Pis, pire

C'était bien pis : *pis* est le comparatif de supériorité de *mal*.

On écrit : *aller de mal en pis* (de mal en plus mal), *de pis en pis, un pis-aller, tant pis…*

Dans *Les Femmes savantes* de Molière (acte II, scène 6), on trouve l'emploi de *pis* dans un dialogue entre Chrysale et Philaminte (le pis évoqué, ce sont les fautes de français commises par Nicole, la servante).

> *Chrysale*
>
> Oh, oh ! peste, la belle !
>
> Quoi ? l'avez-vous surprise à n'être pas fidèle ?
>
> *Philaminte*

C'est pis que tout cela.

Chrysale

Pis que tout cela ?

Philaminte

Pis.

Aujourd'hui, *pire*, comparatif de supériorité de *mauvais*, a remplacé dans presque tous les cas de son emploi le comparatif *pis*, jugé littéraire.

Au lieu de : *Ce fut bien pis*, on écrirait aujourd'hui : *Ce fut bien pire.*

Au Québec, *pire* est d'un emploi très courant à l'oral. Pour dire de quelque chose que « Ce n'est pas plus mal », on dit « C'est pas pire », équivalent de l'approbatif : « Finalement, c'est bien ! »

On s'exerce ?

1. Cette huguenote/huguenotte rigolotte/rigolote, un peu jeunote/jeunotte et pâlotte/pâlote, n'est pas vieillote/vieillotte.
2. Les fours banaux/banals caractérisent la féodalité.
3. Ces paysages sont banaux/banals.
4. Ces femmes chic/chiques défilent pour un grand couturier.
5. Elle s'est acheté des nus-pieds/nu-pieds.

6. Ils arrivent à midi et demi/demie.
7. Feu/Feue ma grand-mère roulait les « r ».
8. Envoyez le plus de lettres possible/possibles.
9. Ces candidats s'expriment à mi-voix/mie-voix.
10. Ce garçon est malin, cette fille est maligne/maline.

7

La règle pour reconnaître les homonymes

Un homonyme est un mot qui se prononce de la même façon qu'un autre, mais qui ne signifie pas la même chose. Ces deux mots peuvent s'écrire de la même façon. Ou pas.

Montrons l'exemple

Amande (fruit) / *amende* (somme réclamée pour une infraction)

Palier (plate-forme) / *pallier* (corriger quelque chose, apporter un remède)

Ver (lombric) / *vers* (en poésie) / *verre* (pour boire) / *vair* (fourrure) / *vert* (couleur)

Les grands moyens pour retenir

C'est tout simple, il suffit de plonger dans l'étymologie du mot « homonyme » pour se souvenir de sa signification :

- *Homo* : « le même, semblable »
- *Onyme* : *onoma* (en grec), « nom »
- *Homo / nyme* : « le même nom, le même mot »

Les petites astuces

Homonyme homographe

Vous connaissez le sens de *homo* : « le même »

Et *graphe* ? *Graphe* vient du grec *graphein* : « écrire ».

Homographe signifie donc : « qui s'écrit de la même façon, qui possède la même orthographe »

Homonyme homophone

Homo signifie « le même ».

Et *phone* ? Pensez à *téléphone. Télé* : « loin ». *Phone* : « son ». Le son qui vient de loin…

Alors, *homophone* signifie : « le même son, la même prononciation ».

La remarque

- Il existe donc des **homonymes homophones et homographes** (même prononciation, même orthographe) : *mousse* (petit marin) / *mousse* (le végétal) / *mousse* (bulles et liquide unis).
- Il existe des **homonymes homophones non homographes** (même prononciation, orthographe différente) : *rainette* (la grenouille) / *reinette* (la pomme).
- Il existe des **homonymes homographes non homophones** (même orthographe, prononciation différente) : *Les poules couvent* (verbe *couver*) *au couvent* (établissement religieux).

Le conseil

Vous n'êtes pas obligé de préciser à chaque fois que vous rencontrez un homonyme s'il est homophone non homographe ou homographe non homophone ou autre chose…

L'essentiel est de prendre conscience qu'il y a un risque d'erreur de sens si on ne prend pas garde à l'homonymie.

Par exemple, confondre tache et tâche, homonymes homophones (ou presque) mais non homographes, peut avoir de fâcheuses conséquences : *effacer une tache* ou *effacer une tâche* n'a pas la même portée sémantique.

Attention, danger !

Voici les homonymes les plus souvent confondus :

- *Balade* (promenade) / *ballade* (forme fixe en poésie)
- *Canne* (pour marcher) / *cane* (coin-coin)
- *Différend* (mésentente) / *différent* (dissemblable)

Faire bonne chère : chair ou chère ?

On écrit : *Nous avons fait bonne chère !*

Chère vient du grec *kara* qui signifie « visage », devenu *cheière* en ancien français, puis *chère.*

Quand on reçoit ou quand on est reçu, on se montre gai et content, on le manifeste en prenant un air joyeux, on fait une bonne tête, on fait une « bonne chère », on fait « bonne chère ».

Et, même si on a mangé de la bonne viande, ce n'est pas une raison pour écrire : *Nous avons fait bonne chair…*

Davantage ou d'avantage ?

Davantage a le sens de « plus », d'une augmentation :

Vous m'avez donné dix kilos de pommes, j'en voudrais davantage.

Avantage peut être précédé de *d'*. Il a le sens de « profit, intérêt » : *Je n'ai pas d'avantage à choisir la solution que vous me proposez, vraiment aucun avantage !*

La liste

- *Affaire* (*avoir affaire à…*) / *à faire* (quelque chose à faire)
- *Aine* (entre la cuisse et l'abdomen) / *haine* (aversion)
- *Aire* (surface) / *ère* (époque) / *hère* (individu démuni, ou cerf âgé de six mois à un an) / *erre* (vitesse moteur arrêté) / *ers* (variété de lentille) / *erre, erres, errent* (verbe *errer*)
- *Alène* (poinçon) / *haleine* (bonne ou mauvaise)
- *Amande* (fruit) / *amende* (somme réclamée pour une infraction)
- *Ancre* (celle d'un bateau) / *encre* (celle du stylo)
- *Are* (100 m^2) / *art* (talent, habileté) / *arrhes* (acompte)
- *Autel* (table sacrée) / *hôtel* (pour dormir)
- *Bailler* (présenter, remettre, donner) / *bâiller* (de fatigue) / *bayer* (s'ouvrir)

- *Balade* (promenade) / *ballade* (forme fixe en poésie)
- *Balai* (pour balayer) / *ballet* (spectacle avec danseurs)
- *Benzène* (hydrocarbure) / *Bunsen* (inventeur du bec Bunsen)
- *Cahot* (secousse ressentie au passage d'une roue dans une ornière) / *chaos* (désordre, anarchie)
- *Canne* (pour marcher) / *cane* (coin-coin)
- *Cap* (en géographie) / *cap* (*de pied en cap* : des pieds à la tête) / *cape* (vêtement)
- *Carier* (une dent est cariée) / *carrier* (ouvrier d'une carrière de pierre)
- *Censé* (supposé) / *sensé* (avec bon sens)
- *Cent* (100) / *sang* (fluide) / *s'en* (il s'en moque) / *sent* (il sent bon)
- *Chant* (chanson) / *chant* (face étroite d'un objet) / *champ* (de patates).
- *Chêne* (arbre) / *chaîne* (métallique, ou de télévision)
- *Chœur* (chanteurs) / *cœur* (qui bat)
- *Chemineau* (vagabond) / *cheminot* (SNCF)
- *Clair* (lumineux) / *clerc* (employé aux écritures)
- *Conte* (histoire) / *compte* (opération, calcul) / *comte* (titre de noblesse)
- *Cor* (de chasse) / *corps* (humain)

- *Cour* (de récréation, du roi, de justice) / *cours* (de l'histoire, de géographie, de la Bourse) / *court* (de tennis) / *courre* (chasse à courre) / *coure* (que je …) / *coures* (que tu …)
- *Coût* (prix) / *cou* (partie du corps) / *coup* (de poing)
- *Cuisseau* (de veau) / *cuissot* (de chevreuil)
- *Cygne* (oiseau) / *signe* (du destin)
- *Date* (le 18 juin, par exemple) / *datte* (fruit)
- *Dessein* (but) / *dessin* (art, croquis)
- *Différend* (mésentente) / *différent* (dissemblable)
- *Enter* (greffer) / *hanter* (occuper de façon invisible)
- *Entrain* (ardeur) / *en train* (en cours de : *être en train de travailler*)
- *Fausse* (inexacte) / *fosse* (cavité)
- *Filtre* (tamis) / *philtre* (breuvage magique)
- *Foi* (croyance) / *fois* (première fois) / *foie* (organe)
- *Fond* (le plus bas) / *fonds* (l'argent) / *fonts* (baptismaux)
- *Geai* (oiseau au plumage tacheté de bleu, de blanc, sur fond clair) / *jais* (variété de lignite d'un noir brillant : *cheveux de jais,* et non pas *cheveux de geai*)
- *Glaciaire* (époque ancienne) / *glacière* (pour conserver le melon au frais)
- *Golf* (jeu) / *golfe* (en géographie)
- *Grâce* (élégance) / *grasse* (matière grasse)

- *Granite* (celui du géologue) / *granit* (celui du maçon)
- *Haler* (tirer, traîner) / *hâler* (bronzer)
- *Hockey* (sport) / *hoquet* (contraction du diaphragme)
- *Hymne* (un hymne national) / *hymne* (une hymne religieuse)
- *Lait* (liquide) / *laid* (pas beau)
- *Lasser* (fatiguer) / *lacer* (nouer des lacets)
- *Lieu* (endroit) / *lieue* (ancienne unité de mesure) / *lieu* (poisson)
- *Maître* (d'école) / *mettre* (poser) / *mètre* (longueur)
- *Mari* (homme marié) / *marri* (désolé)
- *Marché* (aux puces) / *marcher* (sur la plage)
- *Marocain* (adjectif dérivé de *Maroc*) / *maroquin* (cuir de chèvre tanné, portefeuille ministériel)
- *Martyre* (il s'agit du supplice) / *martyr* (c'est le supplicié)
- *Mot* (vocable) / *maux* (pluriel de *mal*)
- *Pair* (nombre pair) / *paire* (de chaussures) / *père* (papa)
- *Palier* (plate-forme) / *pallier* (corriger quelque chose, apporter un remède)
- *Peine* (chagrin) / *pêne* (pour verrouiller) / *penne* (plume)

- *Pinot* (cépage français) / *pineau* (vin de liqueur des Charentes)
- *Plainte* (réclamation) / *plinthe* (au bas d'un mur)
- *Plastic* (l'explosif) / *plastique* (la matière)
- *Policlinique* (dispensaire) / *polyclinique* (clinique où on soigne plusieurs maladies)
- *Prémices* (premiers produits de la terre, signes annonciateurs) / *prémisses* (les deux premières propositions d'un syllogisme, raisonnement déductif en trois étapes)
- *Quand* (lorsque) / *quant* (*quant à* : pour ce qui concerne)
- *Rainette* (la grenouille) / *reinette* (la pomme)
- *Raisonner* (user de la raison) / *résonner* (bruit qui se prolonge)
- *Ras* (cheveux ras) / *rat* (animal) / *raz* (raz de marée)
- *Rêne* (pour le cavalier) / *renne* (le cervidé) / *reine* (d'Angleterre)
- *Repaire* (refuge) / *repère* (signe, marque)
- *Saint* (dans la religion catholique) / *sain* (bon pour la santé) / *sein* (mamelle)
- *Sait* (savoir) / *s'est* (être : *il s'est fait mal*) / *c'est* (cela est)
- *Sale* (pas propre) / *salle* (des fêtes)
- *Satire* (écrit ironique) / *satyre* (homme lubrique)

- *S'égayer* (se rendre gai, « sé – gai – yer ») / *s'égailler* (s'éparpiller, « sé – ga – yer »)
- *Septique* (comme une fosse) / *sceptique* (comme un doute)
- *Sot* (stupide) / *sceau* (cachet) / *seau* (récipient) / *saut* (en hauteur)
- *Soufflé* (au fromage) / *soufflet* (gifle ou soufflet de forge)
- *Ses* (les siens, les siennes) / *ces* (ceux-ci, celles-là)
- *Statut* (situation) / *statue* (représentation sculptée ou moulée) / *statu quo* (inchangé)
- *Suggestion* (« sug-ges-tion » : proposition) / *sujétion* (« su-jé-cion » : dépendance)
- *Sûr* (certain) / *sur* (acide) / *sur* (dessus)
- *Technopole* (ville à fort potentiel de développement pouvant accueillir des industries de pointe) / *technopôle* (site aménagé pour recevoir des instituts d'enseignement, de recherche, des entreprises de haute technologie)
- *Teint* (celui du visage) / *tain* (d'un miroir) / *thym* (herbe aromatique)
- *Tribu* (ensemble d'individus) / *tribut* (impôt)
- *Ver* (lombric) / *vers* (en poésie) / *verre* (pour boire) / *vair* (fourrure) / *vert* (couleur)
- *Vin* (liquide) / *vingt* (20) / *vain* (inutile) / *vint* (verbe *venir*)

- *Vice* (gros défaut) / *vis* (pour tournevis)
- *Voix* (humaine) / *voie* (romaine, route, chemin)

La petite histoire

La pantoufle de Cendrillon est-elle de **verre** ou de **vair** ?

La solution ? Rechercher le manuscrit original de l'auteur du conte Cendrillon : Charles Perrault (1628-1703).

Le manuscrit de Charles Perrault trouvé, on lira sans difficulté sur sa couverture : *Cendrillon, ou la petite* pantoufle de verre. C'est net, clair et précis.

Le vair, fourrure de l'écureuil « petit-gris », utilisé pour confectionner des pantoufles, leur donnera une souplesse leur permettant d'être chaussées par toutes les jeunes filles de la contrée. Or, le fils du roi cherche celle dont le pied s'adaptera parfaitement à la pantoufle de verre égarée à minuit, et cette jeune fille retrouvée deviendra sa femme !

Pantoufle de verre alors ? Oui, parce que le verre brille, parce que son scintillement éveille l'imaginaire au merveilleux, parce que, si l'existence même de ces pantoufles est hautement improbable dans le réel, c'est qu'on vient d'entrer dans une autre dimension, celle du merveilleux, du fantastique où tout est possible.

Dans le fantastique et le merveilleux, les citrouilles se transforment en carrosses, les rats en cocher, les souris en chevaux et les lézards en laquais. Et les pantoufles sont de verre !

Qui donc a pu émettre ce doute à propos des fameuses pantoufles aussi fragiles et belles que celle qui les porte ? Eh bien, c'est un écrivain, Balzac (1799-1850), qui fait dire à l'un de ses personnages, pelletier de son état, c'est-à-dire commerçant en peaux diverses : La pantoufle de Cendrillon ne pouvait être qu'en vair, la peau du petit-gris !

Privilège de l'écrivain : il peut inventer ce qu'il veut ! Et ces paroles que Balzac met dans la bouche de son pelletier ne valent pas tripette, car aucune édition du temps de Perrault, ou avant Perrault, et longtemps après lui, ne mentionne ce vair pour la pantoufle.

Les pantoufles de Cendrillon étaient bien de verre – matériau précieux à l'époque, rare et d'un prix trop élevé pour le peuple.

On s'exerce ?

1. Il habite sur le deuxième pallier/palier.
2. Cendrillon portait des pantoufles de vair/verre.
3. Il me faudrait une vice/vis pour suspendre ce tableau.
4. Je manque d'idées, faites-moi des sujétions/suggestions.

5. Ce soir-là, près de la mare, les reinettes/rainettes coassèrent longtemps.
6. Un syllogisme est composé de deux prémices/prémisses et d'une conclusion.
7. Cartouche subit le martyr/martyre de la roue sur la place de Grève.
8. Les chevaux halaient/hâlaient les péniches près des rivières.
9. Prépare les chevaux, nous partons en ballade/balade.
10. La canne/cane était suivie de ses petits en file indienne.
11. Vous êtes un homme sensé/censé !
12. Vous êtes sensé/censé connaître cette loi !
13. Savez-vous à qui vous avez à faire/affaire ?
14. Posez cette planche sur chant/champ.
15. Ce chemineau/cheminot répare les rails.
16. Nous sommes fâchés, j'ai un différend/différent avec lui.
17. Cet arbre aux fleurs blanches est un cerisier enté/hanté.
18. Ses cheveux sont noir de jais/geai.
19. La dernière époque glacière/glaciaire remonte à des milliers d'années.
20. Vexé, le père de Chimène a donné un soufflet/soufflé au père de Rodrigue.

Vous n'êtes pas sans le savoir…

Il existe d'autres mots se terminant par *-onyme.*

Synonyme

Le synonyme est un mot signifiant (presque) la même chose qu'un autre, mais dont l'orthographe est différente.

Gentil et *aimable* sont synonymes.

Antonyme

Deux mots dont le sens s'oppose sont des antonymes.

Bref, succinct, court, petit, laconique, abrégé, sont les antonymes de *long.*

Acronyme

Un acronyme est un sigle qui a été promu mot ordinaire par l'usage.

Sida est un acronyme. Chaque lettre d'un acronyme est la première lettre d'un autre mot : *syndrome d'immunodéficience acquise : sida.*

Éponyme

L'adjectif éponyme qualifie ce qui donne son nom à tout un ensemble ; par exemple, Madame Bovary est le personnage éponyme du roman de Flaubert.

Dans un recueil de nouvelles, la nouvelle éponyme est celle qui donne son titre à l'ouvrage tout entier.

Paronyme

Les paronymes comportent des sons identiques tout en ayant un sens différent. Ce mot vient du grec *para*. L'utilisation de paronymes dans un texte porte le nom de *paronomase.* La paronomase est une figure de rhétorique. Elle sert de base à beaucoup de proverbes dont voici quelques exemples :

> Qui se ressemble s'assemble
> À tout seigneur, tout honneur
> Qui vole un œuf vole un bœuf
> Noël au balcon, Pâques au tison
> À bon chat bon rat
> Tout nouveau, tout beau
> « Il faut que le cœur se brise ou se bronze. » (Nicolas de Chamfort)

La paronomase se fait aussi moteur du style, chez Verlaine, par exemple, qui donne à chacun de ses vers une vibration plus proche de la musique que de la parole, vibration qui rejoint peut-être l'état initial de l'être. Verlaine, c'est Monsieur paronomase. Jugez-en :

> *Il pl*eure *dans mon* cœur
> *Comme il pleut sur la ville ;*
> *Quelle est cette lan*gueur
> *Qui pénètre mon* cœur ?

Beaucoup d'autres poètes utilisent la paronomase comme ingrédient de base pour leurs compositions

– on peut penser à Apollinaire, dans « Le Pont Mirabeau » :

Comme la vie est lente
Et comme l'Espérance est violente

On peut aussi, et surtout aujourd'hui, trouver mille et une paronomases dans le langage publicitaire.

Un fromage ? « Entremont, c'est autrement bon ! »
Un petit café ? « Legal, le goût ! »

À vous de continuer la liste…

Aptonyme

Un aptonyme est un nom de famille dont le sens est étroitement lié à celui qui le porte – à son métier par exemple.

Monsieur Pinard pour un marchand de vin est un cas d'aptonymie.

Thierry Le Luron (un fameux luron) était humoriste.

Edith Cresson fut ministre de l'Agriculture.

Mickaël Gelabale est un joueur de basket-ball français.

Marco Velo est… cycliste professionnel.

Et vous, votre nom est-il en rapport avec votre activité ?

Pseudonyme

Un artiste prend souvent un autre nom que le sien pour signer ses œuvres ou pour nom de scène

Henri Beyle (1783 – 1842) prit le pseudonyme de Stendhal.

Aurore Dupin est devenue George Sand.

Wilhelm Apollinaris de Kostrowitzky (1880 – 1918) signa ses œuvres du nom de Guillaume Apollinaire.

Louis Poirier est devenu Julien Gracq (1910 – 2007).

Boris Vian a pris le nom de Vernon Sullivan (1920 – 1959).

Gérard Labrunie signait Gérard de Nerval (1808 – 1855).

Marguerite Cleenewerck de Crayencour fit de « Crayencour » une anagramme pour devenir Marguerite Yourcenar (1903 – 1987).

Jean-Baptiste Poquelin devint Molière (1622 – 1673).

François-Marie Arouet signait Voltaire (1694 – 1778).

Eugène Grindel signait Paul Eluard (1895 – 1952).

Frédéric-Louis Sauser est Blaise Cendrars (1887 – 1961).

8

La règle pour bien conjuguer

Pour être à l'aise en conjugaison, il faut maîtriser parfaitement tous les termes qui s'y rapportent.

Maîtriser les trois groupes

Le premier groupe

Il comprend les verbes terminés par *-er* à l'infinitif.

Le premier groupe totalise près de dix mille verbes.

Lorsqu'un nouveau verbe doit être créé, c'est le premier groupe qui l'accueille. Les verbes nés de l'ère informatique appartiennent tous au premier groupe : *informatiser, scanner, télécharger.* Ces verbes sont parfois directement construits sur des anglicismes : *forwarder, plugger, zapper, chatter, bloguer, bugger*… Ces anglicismes au premier groupe possèdent souvent une orthographe flottante : *bugger, boguer, buguer, beuguer*…

Le deuxième groupe

Il comprend les verbes terminés à l'infinitif par *-ir* et dont le participe présent se termine par *-issant* (*finir* se termine par *-ir*, son participe présent est *finissant*).

Le deuxième groupe compte environ trois cents verbes.

Cette conjugaison est fermée et ne s'est ouverte, au XXe siècle, que pour deux verbes témoins d'innovations techniques : *amerrir* et *alunir*, construits sur le modèle d'*atterrir*, verbe apparu au XIVe siècle.

Le troisième groupe

Il regroupe les verbes en *-ir, -oir, -re,* ainsi que le verbe *aller* parce qu'il est irrégulier, son radical étant multiple : *je vais, il allait, nous irons*. Le participe présent de ces verbes du troisième groupe se termine par *-ant*.

On dénombre plus de deux cents verbes du troisième groupe. Parmi eux, se trouvent les plus capricieux de la langue française.

Maîtriser la construction d'une conjugaison

> Un verbe conjugué se compose d'un radical et d'une terminaison.
>
> Le radical est l'ensemble des lettres qui demeurent dans toute la conjugaison du verbe.

Montrons l'exemple

Pour le verbe *servir,* le radical est *serv-*.

Pour le verbe *chercher,* le radical est *cherch-*.

Pour le verbe *rendre,* le radical est *rend-*.

Pour le verbe *conjuguer,* le radical est *conjugu-*.

Pour le verbe *aimer,* le radical est *aim-*.

Pour le verbe *voter,* le radical est *vot-*.

Pour le verbe *tondre,* le radical est *tond-*.

Pour le verbe *ouvrir,* le radical est *ouvr-*.

Construire la conjugaison

Il suffit de prendre le radical – appelé aussi *base* – et de chercher dans le tableau ci-dessous la terminaison qui correspond au temps et au mode que l'on veut utiliser.

Par exemple, si l'on veut utiliser le verbe *chercher* au futur simple, on suit la colonne verticale du 1er groupe jusqu'au temps « futur », et on ajoute les terminaisons qu'on y trouve : *je cherch – erai, tu cherch – eras, il cherch – era,* etc.

On peut multiplier les combinaisons pour décliner les temps.

Verbe chercher	Pronom personnel	Radical (lettres qui ne changent pas)	Terminaison
Indicatif présent	je	cherch	e
Indicatif imparfait	nous	cherch	ions
Indicatif futur simple	ils	cherch	eront
Conditionnel présent	vous	cherch	eriez
Participe présent		cherch	ant
Infinitif présent		cherch	er

Maîtriser la base des verbes

La plupart des verbes possèdent une base – ou radical – unique. C'est le cas des verbes du premier et du deuxième groupe.

Mais pour les verbes du troisième groupe, ce radical peut prendre plusieurs formes. Par exemple, le verbe

Tableau des principales terminaisons

	1er groupe	2e groupe	3e groupe
Présent	e, es, e ons, ez ent	is, is, it issons, issez issent	e, es, e, ons, ez, ent s, s, t, ons, ez, ent s, s, d, ons, ez, ent x, x, t, ons, ez, ent
Imparfait	ais, ais, ait ions, iez aient	ais, ais, ait ions, iez aient	ais, ais, ait ions, iez aient
Passé simple	ai, as, a âmes âtes èrent	is, is, it îmes îtes irent	is, is, it, îmes, îtes, irent us, us, ut, ûmes, ûtes, urent ins, ins, int, înmes, întes, inrent
Futur simple	erai, eras, era erons erez eront	irai, iras, ira irons irez iront	rai, ras, ra rons rez ront
Conditionnel	erais, erais, erait erions eriez eraient	irais, irais, irait irions iriez iraient	rais, rais, rait rions riez raient
Subjonctif présent	e, es, e ions, iez, ent	isse, isses, isse issions, issiez issent	e, es, e ions, iez ent
Impératif	e ons ez	is issons issez	e, ons, ez s, ons, ez

prendre possède quatre bases : *prend- / pren- / prenn- / prend-* ; le verbe *vouloir* en possède cinq : *veu- / voul- / veul- / voud- / veuill-*.

Verbe vouloir	Pronom personnel	Radical (lettres qui ne changent pas)	Terminaison
Indicatif présent	je	veu	x
Indicatif présent	nous	voul	ons
Indicatif présent	ils	veul	ent
Conditionnel présent	vous	voud	riez
Subjonctif présent	(que) tu	veuill	es
Subjonctif présent	(qu') il	veuill	e

Les verbes du troisième groupe comportant plusieurs bases doivent être étudiés et appris un par un. Leur conjugaison variée et imprévisible est responsable de la mauvaise réputation des verbes français auprès des étrangers. Mais rien ne résiste à l'effort que l'on décide de faire, à la répétition qu'on opère pour inscrire dans la mémoire les conjugaisons spécifiques. Alors, vous comprenez ce qu'il vous reste à faire…

Maîtriser les modes verbaux

Il existe six modes verbaux qui rassemblent vingt temps de conjugaison. Chacun de ces modes possède une spécialité.

- **L'indicatif** exprime le réel, ce qui s'est passé, ce qui se passe, ce qui se passera.
- **Le conditionnel** exprime l'éventuel, ce qui se passerait, pourrait se passer.
- **Le subjonctif** est le mode du doute, de l'irréalisé.
- **L'impératif** est le mode de l'ordre donné.
- **Le participe** est le mode dépendant d'un autre verbe.
- **L'infinitif** est le mode indépendant.

Mode	Il exprime	Temps simples	Exemple
Indicatif	le réel	Présent Imparfait Passé simple Futur simple	Je marche Je regardais Je votai Je lirai
Conditionnel	l'éventuel	Présent	Je couperais
Subjonctif	le doute	Présent Imparfait	Que je sache Que je susse
Impératif	l'ordre	Présent	Apprends
Participe	le dépendant	Présent	Voyant
Infinitif	l'indépendant	Présent	Boire

Mode	Il exprime	Temps composés	Exemple
Indicatif	le réel	Passé composé Plus-que-parfait Passé antérieur Futur antérieur	J'ai marché J'avais regardé J'eus voté J'aurai lu
Conditionnel	l'éventuel	Passé 1re forme (Passé 2e forme, identique au subjonctif plus-que-parfait)	J'aurais coupé J'eusse su
Subjonctif	le doute	Passé Plus-que-parfait	Que j'aie su Que j'eusse su
Impératif	l'ordre	Passé	Aie appris
Participe	le dépendant	Passé	Ayant vu
Infinitif	l'indépendant	Passé	Avoir bu

Maîtriser les temps composés

Les temps composés sont… composés d'un auxiliaire (*être* ou *avoir*) et du participe passé.

	Temps composés	… composés de l'auxiliaire	suivi du participe passé	Exemple
Indicatif	Passé composé	Présent de l'auxiliaire	participe passé	J'ai vu
	Plus-que-parfait	Imparfait de l'auxiliaire	participe passé	J'avais vu
	Passé antérieur	Passé simple de l'auxiliaire	participe passé	J'eus vu
	Futur antérieur	Futur simple de l'auxiliaire	participe passé	J'aurai vu
Conditionnel	Passé 1re forme	Cond. prés. de l'auxiliaire	participe passé	J'aurais vu
	Passé 2e forme	Subjonctif imparfait de l'auxiliaire	participe passé	J'eusse vu

	Temps composés	… composés de l'auxiliaire	suivi du participe passé	Exemple
Subjonctif	Passé	Subjonctif présent de l'auxiliaire	participe passé	Que j'aie vu
	Plus-que-parfait	Subjonctif imparfait de l'auxiliaire	participe passé	Que j'eusse vu
Impératif	Passé	Impératif prés. de l'auxiliaire	participe passé	Aie vu
Participe	Passé	participe présent de l'auxiliaire	participe passé	Ayant vu
Infinitif	Passé	Infinitif présent de l'auxiliaire	participe passé	Avoir vu

Maîtriser les trois voix

Le verbe possède trois voix :

- La voix active
- La voix passive
- La voix pronominale

Connaître la voix active

Lorsqu'un verbe est conjugué à la voix active, son sujet fait l'action, c'est lui qui en est responsable.

Montrons l'exemple

Globule, mon chat birman, a mangé ses croquettes au lapin.

C'est Globule, mon chat birman, qui a mangé, elle a accompli cette action, le verbe est à la voix active.

Connaître la voix passive

Lorsqu'un verbe est conjugué à la voix passive, son sujet subit l'action, il en est la victime.

Montrons l'exemple

Les croquettes au lapin ont été mangées par Globule.

Les croquettes ont subi l'action d'être mangées par Globule, le verbe *ont été mangées* est à la voix passive. *Globule* n'est plus sujet de l'action mais en demeure l'agent, Globule agit en mangeant, c'est le complément d'agent du verbe *ont été mangées.*

Connaître la voix pronominale

Lorsqu'un verbe est conjugué à la voix pronominale, il est précédé d'un pronom personnel complément qui représente la même personne ou la même chose que son sujet.

Montrons l'exemple

Globule se caresse l'oreille avec sa patte.

Le sujet de caresse est *Globule*; le pronom personnel complément *se* représente la même personne que le sujet : *Globule*.

Maîtriser les deux sens

Le verbe possède deux sens :

- le sens **transitif** (avec complément d'objet direct ou indirect)
- le sens **intransitif** (sans complément d'objet)
- Le sens transitif se divise en deux catégories :
- le sens **transitif direct** (le verbe possède un complément d'objet direct)
- le sens **transitif indirect** (le verbe possède un complément d'objet indirect)

Montrons l'exemple

Verbes transitifs directs, avec un COD

L'abeille butine *une pensée.*

Le bourdon pollinise *la fleur du cerisier.*

Le lierre colonise *le tronc du sapin.*

Les pâquerettes égaient *la pelouse.*

Le vent disperse *les pétales du cerisier du Japon.*

Verbes transitifs indirects, avec un COI

Les apiculteurs parlent de *la maladie des abeilles.*

Le sportif renonce à *son titre.*

Le tabellion écrit à *son client.*

La montagne accouche d'*une souris.*

Vous bénéficiez d'*une réduction.*

Verbes intransitifs

Les hirondelles migrent *en octobre.*

Nous dînons *chez les Trucmuche.*

L'enfant babille *près du chat.*

La voiture cahote *sur le chemin.*

Les invités arrivent *à 8 heures.*

Maîtriser le mode conditionnel

Maîtriser le conditionnel suppose de connaître sa prononciation, ses terminaisons et ses temps.

Connaître la prononciation et la terminaison du conditionnel

Demain, je pourrais (pourr-è) *aller chez toi* : *je pourrais,* conditionnel présent, son « è » en terminaison *-ais.*

Je pourrais : ce n'est pas certain, c'est une éventualité, une hypothèse, c'est soumis à la condition que tu sois là, que tu acceptes.

Demain, je pourrai (pourr-é) *aller chez toi* : *je pourrai*, indicatif futur simple, son « é » en terminaison *-ai*.

Je pourrai : c'est certain, c'est une certitude, j'irai (« é ») chez toi.

Connaître les temps du conditionnel

- Les terminaisons du présent du conditionnel, pour les trois premières personnes se prononcent « è » :

  Je saurais, tu saurais, il saurait.

  Il ne faut pas les confondre avec les terminaisons du futur simple de l'indicatif : *je saurai* (« é »), *tu sauras* (prononciation comme dans *pas*), *il saura* (prononciation comme dans *la*).

- Le conditionnel passé première forme se compose du conditionnel présent de l'auxiliaire avoir suivi du participe passé : *J'aurais* (j'aur-è) *dû gagner.*

  Le conditionnel passé deuxième forme se compose du subjonctif imparfait de l'auxiliaire suivi du participe passé :

  J'eusse aimé que vous répondiez = j'aurais aimé que vous répondiez.

  Tu eusses aimé qu'il réponde = tu aurais aimé qu'il réponde.

  Il eût aimé que nous répondions = il aurait aimé que nous répondions.

Avec une familiarité « toute méridionale », eût dit un Français = aurait dit un Français.

Pour dire *j'aurais aimé,* ne pas commettre cette erreur courante en disant (pour faire lettré…) *j'eus aimé,* qui est, non pas un conditionnel passé deuxième forme, mais un passé antérieur sans aucune valeur conditionnelle ici. On doit dire pour *j'aurais aimé* : *j'eusse aimé.*

Tu eusses aimé : tu aurais aimé

Il eût aimé : il aurait aimé

Nous eussions aimé : nous aurions aimé

Vous eussiez aimé : vous auriez aimé

Ils eussent aimé : ils auraient aimé

Maîtriser le mode subjonctif

Le mode subjonctif sert à exprimer ce qui n'est pas réalisé, qui peut l'être ou non. C'est le mode du virtuel.

On l'emploie après :

- un verbe exprimant un **ordre** : *je veux* que vous veniez
- un verbe exprimant un **sentiment** : *j'aimerais* que vous soyez là.

- un verbe exprimant un **désir** : *je voudrais* que cette entreprise réussisse.
- un verbe exprimant une **volonté** : *je veux* que vous partiez.
- un verbe exprimant un **doute** : *je doute* qu'il connaisse le chemin.

Le mode subjonctif s'emploie aussi seul :

Qu'il vienne *!*

Qu'elle parte *!*

Qu'il soit *là dans une heure.*

Maîtriser l'emploi du subjonctif après la locution conjonctive *avant que*

Étant donné que le fait exprimé après la locution conjonctive *avant que* n'est pas réalisé, on emploie le mode subjonctif :

Avant que tu sois arrivé, je lisais En attendant Godot.

Avant que tu aies pris le train, le chef de gare a sifflé.

On n'emploie pas le subjonctif après la locution conjonctive *après que,* car le fait exprimé qui suit cette locution s'est réalisé ; on emploie donc non le subjonctif, mode du non réalisé, mais l'indicatif, mode du réel, du réalisé :

Après que tu es arrivé, je lisais En attendant Godot.

Après que tu as pris le train, le chef de gare a sifflé.

Maîtriser l'emploi du subjonctif imparfait

On emploie le subjonctif imparfait lorsqu'il est précédé d'une proposition où est employé le conditionnel passé première ou deuxième forme :

Il aurait fallu (conditionnel passé première forme) *qu'il adhérât* (subjonctif imparfait) *à notre association.*

Il eût été (conditionnel passé deuxième forme) *utile que votre voisine publiât* (subjonctif imparfait) *son roman en automne.*

Maîtriser la conjugaison de l'imparfait du subjonctif

Pour conjuguer sans difficulté le subjonctif imparfait, il faut partir de la troisième personne du singulier du passé simple, par exemple *il regarda* et *il sortit.*

La troisième personne du singulier de l'imparfait du subjonctif se prononce exactement de la même façon, on ajoute simplement un accent circonflexe et un *t* pour les verbes du premier groupe : *Il aurait fallu qu'il regardât* ; et un accent circonflexe seulement pour les verbes des deux autres groupes : *Il aurait fallu qu'il sortît.*

Pour toutes les personnes, on se conforme aux tableaux suivants :

Verbes du premier groupe

Passé simple	Subjonctif imparfait
je regard ai	que je regard asse
tu regard as	que tu regard asses
il regard a	qu'il regard ât
nous regard âmes	que nous regard assions
vous regard âtes	que vous regard assiez
ils regard èrent	qu'ils regard assent

Autres groupes

Passé simple	Subjonctif imparfait
je sorti s	que je sorti sse
tu sorti s	que tu sorti sses
il sorti t	qu'il sort î t
nous sortî mes	que nous sorti ssions
vous sortî tes	que vous sorti ssiez
ils sorti rent	qu'ils sorti ssent

Exemples

Passé simple	Subjonctif imparfait
J'aperçu s	que j'aperçu sse
Tu reçu s	que tu reçu sses
Il rentr a	qu'il rentr ât
Il pu t	qu'il pû t
nous offrî mes	que nous offri ssions
vous avanç âtes	que vous avanç assiez
ils du rent	qu'ils du ssent

Maîtriser le subjonctif en toute occasion

On emploie le subjonctif lorsque sont exprimés un doute, un sentiment, un ordre, une volonté, un désir… Mais il sert aussi à dire l'exclusivité, la restriction, le superlatif.

- Après un élément exprimant **l'exclusivité** :

  C'est la seule décapotable qui me convienne.

- Après un élément exprimant **la restriction** :

  Le peu qu'il sache *dans cette affaire de vol de décapotables nous sera précieux.*

- Après **le superlatif** :

  *C'est la décapotable la plus rapide que j'*aie *jamais* pilotée.

- Dans une **proposition subordonnée relative**, on emploie le subjonctif ou l'indicatif selon ce qu'on veut exprimer :

  Je cherche quelqu'un qui connaisse la langue nahuatl : ce « quelqu'un » est hypothétique, peut-être n'existe-t-il pas dans le groupe considéré.

- En revanche, si on emploie l'indicatif dans la relative :

  Je cherche quelqu'un qui connaît la langue nahuatl, ce quelqu'un est réel, on le sait, et on le cherche.

Maîtriser l'impératif présent

> Le mode impératif est le mode de l'ordre donné, du commandement.

Montrons l'exemple

Prenez *le temps de lire la consigne.*

Regardez-*les.*

Imprégnez-*vous de mes conseils.*

Ne vous laissez *pas aller.*

Comprenez *que je ne vous veux que du bien.*

Soyez *bref !*

Relisez *les romans de Zola !*

Constatez *que j'avais raison !*

Maîtriser le *s* final de l'impératif

L'impératif présent des verbes du 1er groupe (finale en *-er*), à la deuxième personne du singulier, ne prend pas de *s.*

> Regarde *ce film.*
>
> Mange *ce dessert.*
>
> Retourne *à ta place !*

Mais, lorsque cet impératif est suivi du pronom personnel *en* ou de l'adverbe *y*, on doit alors ajouter un *s* euphonique, un *s* qui évite l'hiatus, un *s* qui n'est pas grammatical, mais seulement là pour le son :

Parle *de ce problème à ton voisin, oui,* parles-*en à ton voisin* (prononciation : « parlezan »).

Entre *dans sa maison sans frapper, oui,* entres-*y* (prononciation : « entrezy ») *sans frapper !*

Oh, des poires dans son poirier : cueille-*les, oui,* cueilles-*en* (prononciation : « cueillezan »).

Mange-*les, oui,* manges-*en* (prononciation : « mangezan ») !

Maîtriser l'impératif passé

L'impératif passé est composé de l'auxiliaire *avoir* à l'impératif présent, suivi du participe passé du verbe conjugué.

Montrons l'exemple

Aie achevé *ton travail avant ton voisin.*

Ayons franchi *la ligne avant eux.*

Sois revenu *dans dix minutes.*

Ayez terminé *dans une heure.*

Maîtriser les temps de l'impératif

Impératif avec l'auxiliaire *avoir*		
	Présent	Passé
2e personne du singulier	marche	aie marché
1re personne du pluriel	marchons	ayons marché
2e personne du pluriel	marchez	ayez marché

Impératif avec l'auxiliaire *être*		
	Présent	Passé
2e personne du singulier	pars	sois parti(e)
1re personne du pluriel	partons	soyons parti(e)s
2e personne du pluriel	partez	soyez parti(e)(s)

Les terminaisons de l'impératif en fonction des groupes verbaux :

- pour le premier groupe : *e, ons, ez*
- pour le deuxième groupe : *is, issons, issez*
- pour le troisième groupe : *e, ons, ez* ou *s, ons, ez*

Maîtriser le participe présent et l'adjectif verbal

Reconnaître le participe présent

- Le participe présent est une forme verbale qui se termine toujours par *-ant*.
- Le participe présent ne s'accorde jamais, ne prend donc pas la marque du genre (masculin / féminin) ni du nombre (singulier / pluriel).
- Le participe présent joue le rôle d'un verbe et peut donc posséder un ou plusieurs compléments (circonstanciels, d'objet).
- Le participe présent peut être précédé de *en* ; on l'appelle alors un gérondif. Le gérondif peut la plupart du temps être remplacé par une subordonnée conjonctive exprimant une circonstance.

Reconnaître l'adjectif verbal

- L'adjectif verbal se termine par *-ant* ou *-ent*.
- L'adjectif verbal peut varier en degré. On dira par exemple : *Cet orateur très convaincant passionne son auditoire.*
- L'adjectif verbal peut se trouver en position d'épithète : *Ce travail fatigant n'est pas pour toi.*
- L'adjectif verbal peut se trouver en position d'attribut, c'est-à-dire être séparé du nom qu'il qualifie par le verbe *être* ou un verbe d'état (*paraître,*

sembler, devenir, demeurer, rester, avoir l'air, passer pour) : *Cet enfant est fatigant.*

- L'adjectif verbal peut accompagner le nom en se plaçant avant : *Ces fatigantes soirées nous ont épuisés,* ou après.

Reconnaître le participe présent et l'adjectif verbal

- Le participe présent indique une action, il peut avoir un ou plusieurs compléments.
- L'adjectif verbal, issu du verbe au participe présent, qualifie un nom.
- Attention, **ne confondez pas** le participe présent terminé par *-ant* et l'adjectif verbal.

Participe présent	Adjectif verbal (certains peuvent être noms communs)
communiquant	communicant
convainquant	convaincant
extravaguant	extravagant
fabriquant	fabricant
fatiguant	fatigant
intriguant	intrigant
naviguant	navigant
provoquant	provocant
suffoquant	suffocant
vaquant	vacant

Montrons l'exemple

Vaquant *à ses occupations* (participe présent car suivi du complément *occupations*), *le personnel* navigant (adjectif verbal, qualifie le personnel) *écoute le pilote* convaincant (adjectif verbal, qualifie le pilote).

Ce pilote, provoquant *l'hilarité* (participe présent, il possède un complément : *l'hilarité*) *chez ses passagers, commente les facéties de son copilote* extravagant (adjectif verbal, qualifie *copilote*) *en* suffoquant *de rire* (suivi du complément *de rire,* donc participe présent, gérondif ici, parce que précédé de *en*).

Deux vases communicants – *En* communiquant *bien, on se comprend.*

Un discours convaincant – *En me* convainquant, *vous avez gagné.*

Des propos extravagants – *En* extravaguant, *il montre qu'il est malade.*

Tu es fatigant – Fatiguant *tout le monde, il a été mis dehors.*

Cette histoire est intrigante – *En* intriguant *auprès de son chef, il est devenu sous-chef.*

Le personnel navigant *est en grève* – *En* naviguant *trop près de la côte, son navire a sombré.*

Ce gaz est suffocant – Suffoquant *dans les gaz d'échappement, il est parti vivre à la campagne.*

Ce poste est vacant – Vaquant *à ses occupations, il ne s'ennuie pas.*

Reconnaître le participe présent et l'adjectif ou le nom

Ne pas confondre le participe présent terminé par *-ant* avec l'adjectif qualificatif ou le nom commun terminé par *-ent*.

Participe présent	Adjectif qualificatif ou nom commun
adhérant	adhérent
coïncidant	coïncident
convergeant	convergent
déférant	déférent
détergeant	détergent
différant	différent
divergeant	divergent
émergeant	émergent
équivalant	équivalent
excellant	excellent
expédiant	expédient
influant	influent
négligeant	négligent
présidant	président
précédant	précédent
résidant	résident
somnolant	somnolent
violant	violent

Montrons l'exemple

Présidant *la réunion annuelle* (participe présent, avec pour complément *réunion*), le président (nom commun), excellant *à exposer les situations délicates* (participe présent, pourvu d'un complément), *s'est montré* excellent (adjectif qualificatif, attribut de *le président*).

Négligeant *les consignes de sécurité, ce pilote* négligent *est allé au tapis.*

En adhérant *à notre association, tu en deviens un* adhérent.

Violant *les lois de la République, cet homme* violent *a été condamné.*

En fabriquant *de la fausse monnaie, ce* fabricant *de pièces détachées a entaché à jamais sa réputation.*

Deux exceptions

Deux verbes, *affliger* et *exiger*, possèdent une même orthographe pour l'adjectif verbal et le participe présent : *affligeant, exigeant.*

> Exigeant *le remboursement intégral de leur voyage, ces deux touristes ont été jugés trop* exigeants.
>
> Affligeant *tout son entourage à cause de ses miaulements, ce chat* affligeant *a déménagé chez les voisins.*

les verbes qui se terminent par eler et eter prennent 2 l et 2 t devant un e muet

Maîtriser la conjugaison des verbes terminés par *-eler*

> Un *e* suivi de deux consonnes devient un « è » sans qu'il soit besoin de lui mettre un accent grave.
>
> Ainsi, on écrit : *essence, lettre, mettre.*
>
> Pour la conjugaison des verbes terminés par *-eler,* on applique cette règle en écrivant *-elle* dès qu'on entend le son « è ».

Montrons l'exemple

J'appelle mais *nous appelons*

J'épellerai mais *nous épelions*

Nous ficellerons mais *nous ficelons*

Les exceptions

Il existe une liste de verbes qui ne suivent pas cette règle : le son « è » s'écrit *è,* et le *l* n'est pas redoublé, ce qui donne *-èle.* Ces verbes sont : *celer* (qui signifie « cacher »), *ciseler, déceler, démanteler, écarteler, geler* (et ses composés : *congeler, dégeler, regeler, surgeler,* etc.), *harceler, marteler, modeler (remodeler), peler, receler.*

Montrons l'exemple

Je cisèle

Tu écartèles

Il congèle

Il harcèlera

Tu pèleras, etc.

Cas particuliers

Le verbe *interpeller* conserve dans toute sa conjugaison ses deux *l,* mais il suit la prononciation du verbe *appeler.* Dans *vous appelez* et *vous interpellez,* les deux dernières syllabes se prononcent de la même façon.

Les verbes *consteller, exceller, flageller, libeller, quereller, rebeller, sceller, seller* conservent aussi leurs deux *l* dans toute leur conjugaison, mais le *e* central se prononce « è » suivant la règle énoncée plus haut.

Montrons l'exemple

Nous interpellons (le *e* se prononce « e »)

Nous flagellons (le *e* se prononce « è »)

Maîtriser la conjugaison des verbes terminés par *-aître*

Les verbes terminés par *-aître* (peu nombreux) conservent l'accent circonflexe sur le *i* du radical lorsqu'il est suivi d'un *t.*

Montrons l'exemple

Il connaît mais *nous connaissons*

Je paraîtrai mais *je paraissais*

Il naîtra mais *nous naissions*

Je disparais mais *tu disparaîtras*

Au XIe siècle, les verbes terminés par *-aître* s'écrivaient *-oistre*. Au XVIIIe siècle, la transformation du son « oi » en « ai », puis la suppression du *s* et son remplacement par l'accent circonflexe ont donné *-aître*.

Liste des 14 verbes terminés par *-aître*

1. *Apparaître*
2. *Comparaître*
3. *Connaître*
4. *Disparaître*
5. *Méconnaître*
6. *Naître*
7. *Paître*
8. *Paraître*
9. *Réapparaître*
10. *Reconnaître*
11. *Renaître*
12. *Repaître*
13. *Reparaître*
14. *Transparaître*

Les verbes terminés par *-oître* suivent la même règle :

Croître (qui fait au participe passé *crû*, afin d'éviter la confusion avec *cru*, du verbe *croire*)

Accroître (participe passé : *accru*)

Décroître (participe passé : *décru*)

Maîtriser la conjugaison des verbes terminés par *-éer*, *-ier*, *-ouer*, *-uer*

Conjugués au futur simple et au conditionnel présent, les verbes terminés par *-éer, -ier, -ouer, -uer* prennent un *e* avant leur terminaison.

Montrons l'exemple

Je certifierai (futur simple)

Tu colorieras (futur simple)

Il crie (présent de l'indicatif et du subjonctif)

Il se méfie (présent de l'indicatif et du subjonctif)

Tu loueras (futur simple)

Il photographierait (conditionnel présent)

Tu copies (présent de l'indicatif et du subjonctif)

Il sciera (futur simple)

Je tarifie (présent de l'indicatif et du subjonctif)

Tu varies (présent de l'indicatif et du subjonctif)

Particularité des verbes en *-ier*

Les verbes terminés par *-ier* possèdent une particularité : ils prennent deux *i* aux deux premières personnes du pluriel de l'imparfait de l'indicatif.

Montrons l'exemple

Nous criions

Nous épiions

Vous pliiez

Nous étudiions

Nous orthographiions

Vous triiez

On retrouve cette orthographe aux deux premières personnes du pluriel du subjonctif présent :

Il faudrait que nous étudiions le problème.

Il est nécessaire que vous pliiez bagage.

Particularité des verbes en *-éer*

Le participe passé des verbes terminés par *-éer* prend, même si on peut s'en étonner, deux *é*, et à ce *é* peut s'ajouter le *e* de l'accord du féminin.

Montrons l'exemple

Cette œuvre a été créée l'an dernier.

Cette embarcation vient d'être gréée.

Maîtriser la conjugaison des verbes terminés par *-oyer* ou *-uyer*

Les verbes terminés par *-oyer* ou *-uyer* changent le *y* en *i* devant un *e* muet.

Montrons l'exemple

J'essuie

Tu nettoies

Nous nettoyons

Vous nettoierez

Je côtoie

Nous côtoyons

Tu côtoieras

Tu festoies

Ils festoieront

J'octroie

Tous les verbes terminés par *-yer* prennent un *i* après le *y* aux première et deuxième personnes du pluriel de l'indicatif imparfait et du subjonctif présent :

Il faut que nous appuyions sa candidature.

Hier, nous nous ennuyions.

Il serait normal que vous nous octroyiez une prime.

En ce temps-là, nous payions peu d'impôts.

Maîtriser la conjugaison des verbes terminés par *-eter*

Les verbes terminés par *-eter* redoublent le *t* de leur radical dès que le *e* qui précède ce *t* est prononcé « è ».

On énonce parfois cette règle d'une façon différente : les verbes en *-eter* redoublent le *t* devant un *e* muet, c'est-à-dire un *e* qu'on ne prononce pas, tel le *e* final dans *je jette*.

Montrons l'exemple

Tu jetteras ces journaux.

Il faut qu'elle jette son dévolu sur lui.

Globule, mon chat birman, déchiquette sa part de viande de poulet.

Des exceptions

Plusieurs verbes font exception à cette règle : *acheter, racheter, corseter, crocheter, fileter, fureter, haleter.*

Tu achèteras ces journaux.

Il faut qu'elle furète partout.

Globule, mon chat birman, halète sous le soleil.

Maîtriser la conjugaison des verbes terminés par *-ayer*

De même que le verbe *payer,* plusieurs verbes possèdent une double conjugaison.

Ce sont : *balayer* (*je balaie* ou *je balaye, tu balaies* ou *tu balayes,* etc.), *bégayer, déblayer, débrayer, défrayer, délayer, effrayer, embrayer, enrayer, essayer, monnayer, pagayer, rayer, relayer, zézayer.*

En revanche, les verbes *capeyer, faseyer, grasseyer, volleyer* ne possèdent que la conjugaison avec le *y* : *je grasseye, tu volleyes…*

Maîtriser la conjugaison des verbes terminés par *-dre*

Les verbes terminés par *-dre* (*vendre, tendre, rendre, répondre, tondre, coudre…*) conservent le *d* de leur radical dans leur conjugaison.

Montrons l'exemple

Je vends

Tu tends

Il rend

Je réponds

Elle tond

Tu couds, etc.

Attention

Les verbes en *-indre* et *-soudre* constituent des exceptions à cette règle.

Aux deux premières personnes du singulier du présent de l'indicatif, les verbes terminés par *-indre* et *-soudre* perdent le *d*.

De plus, à la troisième personne du singulier du présent de l'indicatif, ils changent le *d* en *t*.

Ils ne conservent le *d* qu'au futur simple et au conditionnel présent.

Je peins, je feins, je teins

Tu te plains, tu me crains, tu geins

Elle résout, il peint, elle ceint, il atteint

Il nous joindra, il oindra, il enjoindra

Nous feindrons, etc.

On s'exerce ?

1. Quel est le radical du verbe attendre ?
2. À quel groupe le verbe *aller* appartient-il ?
3. Qu'exprime le mode subjonctif ?
4. *Tu te regardes* : quelle est la voix du verbe ?
5. *Le chat est passé par la fenêtre* : quelle est la voix du verbe ?

6. *Le chat est nourri par son maître* : quelle est la voix du verbe ?
7. *Les cigognes migrent vers le Maroc* : le verbe est-il transitif ou intransitif ?
8. *Vous me parlez de vos soucis* : le verbe est-il transitif direct ou indirect ?
9. *Dans deux jours, j'irai chez toi, c'est sûr* : prononce-t-on « j'iré » ou « j'irè » ?
10. *Je viendrais chez toi si tu m'invitais* : prononce-t-on « je viendré » ou « je viendrè » ?
11. *Je viendrai chez toi ce soir, j'en suis certain* : prononce-t-on « je viendré » ou « je viendrè » ?
12. J'eusse/j'eus préféré que vous me répondiez !
13. J'aurais aimé qu'elle regardât/regarda dans ta direction.
14. Ces prunes sont mûres, dégustes-en/déguste-en quelques-unes.
15. Regarde/Regardes ce film ! Il est passionnant !
16. Le personnel naviguant/navigant est en grève.
17. Tu es fatigant/fatiguant !
18. Les représentants des pays vainqueurs démantèlent/démantellent l'empire.
19. Je ne sais pas si je me fierais/firais à lui.
20. Hier à cette heure, nous pliions/plions notre tente.

9

Les règles d'emploi des majuscules

La règle pour la majuscule et le nom

Seul le mot caractéristique prend une majuscule.

Le mot caractéristique est celui qui distingue l'ensemble nommé et lui donne sa particularité. Il est le seul à prendre (ou à conserver) la majuscule.

Montrons l'exemple

La fête des Pères (le mot *Pères* caractérise la fête)

La fête de la Musique

Le parc Monceau

Le jardin des Tuileries

L'université de la Sorbonne

Le tropique du Capricorne

Le tropique du Cancer

La butte Montmartre

La rue de la Renaissance

Le pays de Galles

Le pas de Calais (le détroit entre la France et l'Angleterre)

La cordillère des Andes

L'île de la Réunion

L'île de France (ancien nom de l'île Maurice)

Le royaume de Belgique

La république d'Haïti

La principauté de Monaco

Le cimetière du Père-Lachaise

La tour Eiffel

La tour Montparnasse

La tour de Babel

La majuscule est employée lorsque la préposition est unie aux deux noms par un trait d'union : *le Pas-de-Calais* (le département) ; *l'Île-de-France* (la région parisienne).

La règle pour la majuscule et l'adjectif

En règle générale, on ne met pas de de majuscule à l'adjectif (mais il y a des exceptions…).

Montrons l'exemple

Un Français (nom propre) mais *un peintre français* (*français* prend ici une minuscule parce qu'il est adjectif qualificatif)

Un Espagnol mais *un poète espagnol*

Un Polonais mais *un compositeur polonais*

Un Québécois mais *un informaticien québécois*

Un Peau-Rouge mais *des Indiens peaux-rouges*

Un Francilien mais *un automobiliste francilien*

Le Pays basque

Le Massif central

L'Académie française

Attention : l'adjectif peut prendre une majuscule s'il est placé avant le nom qu'il qualifie et si ce nom prend aussi une majuscule :

La Grande Ourse

La Seconde Guerre mondiale

Le Nouveau Testament

Le Moyen Âge

Il prend une majuscule s'il est lié au nom par un trait d'union :

La Croix-Rouge

La Comédie-Française

Le règle pour la majuscule et la géographie

En géographie, l'adjectif prend une majuscule lorsqu'il est lié au nom qu'il qualifie par un trait d'union.

Montrons l'exemple

Les États-Unis d'Amérique

Les États-Unis du Mexique

Le Royaume-Uni

Les Pays-Bas

Les Provinces-Unies

Le massif du Mont-Blanc (*Mont-Blanc* est le nom donné au massif dont le mont Blanc fait partie)

Les îles du Cap-Vert (au large du *cap Vert*)

Les îles Anglo-Normandes

- Si l'adjectif est l'élément qui caractérise l'ensemble, il prend une majuscule, le nom n'en prenant pas :

La mer Rouge (la caractéristique de cette mer, parmi toutes les mers, est cette dénomination : *Rouge*)

La mer Noire

La mer Morte

Le lac Majeur

Le golfe Persique

L'océan Pacifique

Le cap Vert

Le mont Blanc

Les montagnes Rocheuses

Le bassin Parisien

Le pôle Nord

Le pôle Sud

L'hémisphère Nord (dict. *Petit Robert :* tantôt *hémisphère nord,* tantôt *hémisphère Nord* !)

L'hémisphère Sud

- L'adjectif qui précise la partie du nom propre concernée ne prend pas de majuscule :

L'Afrique noire

L'Asie centrale

L'Europe centrale

La haute Égypte

La basse Seine

Le haut Poitou

La basse Bretagne (mais si on considère leur entité historique, on peut écrire *le Haut-Poitou, la Basse-Bretagne)*;

L'Amérique centrale

La règle pour la majuscule et les côtes géographiques

Lorsque le mot caractéristique accompagne le nom *côte*, les deux termes prennent une majuscule :

La Côte d'Opale (de la baie de Somme à Dunkerque)

La Côte d'Albâtre (du Havre au Tréport)

La Côte d'Émeraude (Dinard, Saint-Malo)

La Côte d'Amour (région de la Baule)

la Côte d'Argent (de l'embouchure de la Gironde à celle de la Bidassoa)

la Côte d'Or (ligne de hauteurs qui domine la plaine de la Saône ; mais on écrit *le département de la Côte-d'Or*)

La règle pour la majuscule et les institutions

Si ce sont des institutions, des organismes uniques dans le pays, ils sont considérés comme des noms propres et prennent une majuscule au premier nom, ainsi qu'à l'adjectif si celui-ci précède le nom – le complément du nom prend une minuscule.

Montrons l'exemple

Les Archives nationales (mais *les archives départementales,* sans majuscule à *archives,* car elles n'ont pas un caractère unique dans le pays)

Le Conseil des ministres (il n'y en a qu'un en France)

La Cour de cassation (mais *la cour d'appel,* car il y en a plusieurs dans l'Hexagone)

Le Quai d'Orsay

L'Assemblée nationale

L'École polytechnique

L'École centrale

L'École nationale d'administration (E.N.A.)

L'École normale supérieure

Le conseil général (il y en a un par département)

Le conseil régional (un par région)

La mairie de Conquereuil (une mairie dans chaque ville)

La mairie de Paris

La règle pour la majuscule et la poésie

En poésie classique – celle qui respecte les règles précises de la prosodie, de la métrique, pratiquée jusqu'à la fin du XIXe siècle –, chaque vers commence par une majuscule, même s'il se situe au milieu d'une phrase.

Montrons l'exemple

Demain, dès l'aube, à l'heure où blanchit la campagne,
Je partirai. Vois-tu, je sais que tu m'attends.
J'irai par la forêt, j'irai par la montagne.
Je ne puis demeurer loin de toi plus longtemps.

Victor Hugo – *Les Contemplations*

La règle de la majuscule et des points cardinaux

Les points cardinaux s'écrivent avec une minuscule : *le nord, le sud, l'est* et *l'ouest.*

Mais lorsqu'ils désignent une région géographique précise, dans un ensemble donné, ils prennent une majuscule.

Montrons l'exemple

En France, l'Ouest bénéficie d'un climat océanique.

Dans l'Est les écarts de température sont plus importants.

La conquête de l'Ouest est le sujet de centaines de films.

Le Nord canadien est le pays des Inuits.

Le Sud marocain est le domaine du désert.

L'Afrique du Sud est une destination touristique à la mode.

Attention, si le point cardinal possède un complément, il s'écrit alors sans majuscule :

Dans l'ouest des États-Unis, on traverse des villes immenses.

Nous partons en vacances dans le sud de l'Italie.

La règle pour la majuscule et le nom de lieu

L'article placé devant le nom de la ville, du village ou du lieudit prend une majuscule.

La préposition (*de, en, lès, sur, sous,* etc.) placée au centre n'en prend pas.

Montrons l'exemple

Le Pont-de-Beauvoison

La Roche-sur-Yon

La Ferté-sous-Jouarre

Rezé-lès-Nantes (*lès* signifie « près de »)

Lussac-les-Châteaux (*les* est ici l'article et signifie qu'on trouve des châteaux à Lussac)

La règle de la majuscule et de l'antonomase

L'antonomase est la transformation d'un nom propre en nom commun, ou l'inverse.

Du nom propre au nom commun

Lorsqu'un nom propre devient un nom commun, il prend une minuscule.

Montrons l'exemple

Un ampère (unité en référence au savant Ampère)

Une poubelle (du nom d'un préfet de la Seine)

Le champagne est un vin de Champagne

Le bordeaux est un vin de la région bordelaise

Les côtes-du-rhône sont un vin des côtes du Rhône

Un chinon est un vin de la région de Chinon

Un saumur, de la région de Saumur

Le cantal est un fromage du Cantal

Le hollande est un fromage de Hollande

De quelques vins

Un aloxe-corton, des aloxe-corton : vin de Bourgogne, on prononce « alosse » ; pas de marque du pluriel lorsque le nom du vin est composé au moyen d'un trait d'union.

Un corton-charlemagne, des corton-charlemagne : même règle d'accord que pour le précédent.

Un bourgogne-passe-tout-grain, des bourgogne-passe-tout-grain : pas de majuscule.

Un chassagne-montrachet, des chassagne-montrachet de Chassagne-Montrachet, pas de majuscule au vin, pas de marque du pluriel.

Des vosne-romanée, vin de Vosne-Romanée : pas de majuscule, pas de marques du pluriel.

Des pouilly-fuissé, vin de Pouilly-Fuissé (de Fuissé, en Bourgogne, nom auquel est accolé celui du hameau de Pouilly) : pas de majuscule au vin, pas de marques du pluriel.

Un clos-de-vougeot (*des clos-de-vougeot*) est produit sur le domaine de Clos de Vougeot, à Vougeot, en Côte-d'Or.

Le romanée-conti (*des romanée-conti*) est produit sur le domaine de la Romanée-Conti.

Du nom commun au nom propre

Lorsqu'un nom commun devient un nom propre, il prend une majuscule.

Montrons l'exemple

- *Le Créateur* désigne, dans les religions monothéistes, Dieu.
- Dans ces mêmes religions, Dieu, nom commun à l'origine, prend une majuscule – dieu unique, il se passe de l'article défini –, alors que dans l'Antiquité grecque, Apollon est le dieu de la beauté, des arts, Hermès, le dieu des voyageurs, des marchands et des voleurs, Zeus, le dieu suprême de l'Olympe.
- *L'Empire* désigne la période qui va de 1804 à 1815, l'empereur de l'Empire, c'est l'Empereur – Napoléon Ier.
- Clemenceau est devenu *le Tigre*, de Gaulle, *le Général*, etc.
- *Une église* est une construction destinée à accueillir des fidèles.
- *Une Église* (avec une majuscule) désigne le pouvoir spirituel sur une communauté de fidèles, on peut appartenir à une Église sans aller à l'église.

La règle de la majuscule et des marques

Lorsqu'un objet porte le nom d'une marque déposée, on devrait l'écrire avec une majuscule. Mais si son emploi entre dans le langage courant au point de figurer dans le dictionnaire, on peut s'en abstenir (ou pas).

Montrons l'exemple

Sur le porte-bagages de sa *mobylette,* se trouvaient un *frigidaire,* une boîte de *kleenex* et des rouleaux de *scotch*...

Les marques de voitures conservent leur majuscule :

> J'ai d'abord eu une *Ford,* puis une *Citroën,* une *Renault,* une *Volkswagen,* une *Peugeot* et enfin une *Audi.*

La règle de la majuscule et de l'accent

On accentue les lettres capitales.

Longtemps, on a cru (et même enseigné !) que la lettre capitale ne prenait pas d'accent.

Pourquoi ? Parce que les cases où les imprimeurs rangeaient les lettres capitales n'étaient pas prévues pour celles portant un accent, forcément plus hautes.

Puis vinrent les machines à écrire anglo-saxonnes, sans accents sur les capitales.

On en a déduit un peu hâtivement que les capitales ne prenaient pas d'accent.

Or, l'absence d'accent peut être la source d'ambiguïtés considérables et de contresens désastreux :

LE MALFAITEUR TUE (est-ce « Le malfaiteur tué » ou « Le malfaiteur tue » ?)

POISSON SALE (« sale » ou « salé » ?)

PALAIS DES CONGRES (y trouve-t-on des congres ou y tient-on des congrès ?)

LES PARENTS INDIGNES (« indignes » ou « indignés » ?)

LES RETRAITES EN CONSTANTE AUGMENTATION (« les retraites » ou « les retraités » ?)

On accentue donc les capitales, que ce soit à l'aide du traitement de texte ou en calligraphie, même si parfois cela se révèle peu pratique ou peu esthétique.

La règle de la majuscule et des responsabilités

Les fonctions occupées par les serviteurs de l'État doivent être écrites en minuscules ; seul le portefeuille est en majuscule pour un ministre.

Montrons l'exemple

Le ministre des Finances

Le ministre de l'Intérieur

Le ministre de l'Éducation nationale

Le chef du gouvernement est le *Premier ministre* (*Premier* avec une majuscule : il n'y en a qu'un).

Le chef de l'État est le *président de la République.*

Le représentant de l'État dans les départements est le *préfet* – mais si vous lui envoyez une lettre, montrez-vous déférent : *Monsieur le Préfet…*

La règle de la majuscule et des saints

> Lorsqu'on parle du personnage, on écrit son grade en minuscule, suivi de son nom.

Montrons l'exemple

saint Martin

sainte Martine

saint François

On écrit *saint* avec une minuscule dans *Jeudi saint, Vendredi saint, Samedi saint.*

Si on abrège le mot *saint,* on met alors une majuscule : *St Camille, Ste Camille, St Polycarpe.*

Le mot *saint* prend une majuscule dans les noms de fêtes, d'églises, de lieux, etc. De plus, il est relié au nom du saint par un trait d'union :

> *La Saint-Valentin est la fête des amoureux.*
>
> *Les feux de la Saint-Jean illuminent la campagne.*

L'église Saint-Sulpice possède deux tours.

Le fleuve Saint-Laurent passe à Montréal.

À Paris, le faubourg Saint-Antoine s'étend de la Bastille à la Nation.

On fête la Saint-Louis dans la ville de Saint-Louis dans le Haut-Rhin.

La règle de la majuscule et des fêtes

On écrit : *l'Épiphanie ; la Mi-Carême ; le Mardi gras ; la Pentecôte ; le Premier de l'An ; le Nouvel An ; la fête du Travail ; l'Ascension ; l'Assomption ; la Toussaint ; le jour des Morts ; la semaine de la Poésie ; la journée de la Femme ; la journée de l'Homme* (pourquoi pas…) ; *la journée internationale des droits de l'Homme.*

Majuscule et particule

La particule n'étant pas forcément une marque de noblesse (les rois s'appelaient simplement Capet, et non de Capet…), la préposition *de* est écrite dans tous les cas en minuscules, sauf si deux prépositions se suivent ; ainsi, on écrit : *les discours de De Gaulle, les œuvres de Du Bellay.*

Charles de Gaulle, né à Lille, est issu d'une ancienne famille noble originaire de Bourgogne. La particule s'orthographie donc avec un *d* minuscule, et non un *d* majuscule comme le proposent ceux qui pensent que le patronyme en question serait d'origine flamande, ce qui n'est pas le cas. On écrit donc *la famille de Gaulle,* sans omettre le *de* car le nom ne comporte qu'une syllabe. Et pour éviter la confusion de deux *de* identiques, on écrit *les discours de De Gaulle,* en mettant une majuscule au deuxième *de.*

La règle de la majuscule et de l'histoire

L'Histoire ou *l'histoire* ? En utilisant ou non la majuscule, on peut faire la différence entre l'épopée d'un pays, d'un peuple ou du monde, et la narration d'événements divers, imaginaires ou non, dans des romans, des nouvelles, des essais, etc. Cette distinction entre *Histoire* et *histoire* n'est pas obligatoire ; certains écrivains l'appliquent, d'autres la jugent inutile. Vous avez le choix !

Montrons l'exemple

La Grande Guerre

La Guerre de Cent Ans

Le Premier Empire

Le Second Empire

Le Saint Empire romain germanique

L'Empire britannique

L'empire du Milieu (minuscule à *empire* car le nom caractéristique se situe après)

Les Trois Glorieuses

La monarchie de Juillet (majuscule à *Juillet*, élément caractéristique)

L'Antiquité

La Renaissance

L'Ancien Régime

La Régence

La Restauration

Les Temps modernes

La Belle Époque

La Cinquième République

La guerre de Sécession

Le serment du Jeu de paume

La Déclaration des droits de l'homme et du citoyen

Les noms de dynasties bâties sur un nom propre prennent une majuscule : *les Mérovingiens* (Mérovée), *les Carolingiens* (Charlemagne), *les Capétiens* (Hugues Capet).

Les surnoms donnés en Histoire prennent une majuscule : *Charles le Chauve, Richard Cœur de Lion, Philippe le Bel, Jean sans Peur, la Pucelle d'Orléans…*

La règle de la majuscule et des jours et mois

Les noms de jours et de mois sont des noms communs, ils ne prennent pas de majuscule : *Ouvert du lundi au samedi, fermé le mercredi.*

Lorsqu'on écrit une date sur un tableau, une feuille, la première lettre prend une majuscule, mais ce qui suit n'en nécessite pas :

Lundi 2 décembre 1805, j'ai gagné – signé : Napoléon.

Dimanche 18 juin 1815, j'ai perdu – signé : Napoléon.

Le samedi 5 mai 1821, je suis mort – signé : Napoléon.

La règle de la majuscule et des sciences

Dans le lexique astronomique, le nom des planètes, des étoiles, des constellations prend une majuscule.

Montrons l'exemple

Pour que les hommes aillent sur Mars, il faudrait d'abord y envoyer les femmes.

La Lune tourne autour de la Terre.

La planète Vénus tourne dans le sens inverse des autres planètes.

L'étoile Polaire se situe dans le prolongement du bord de la Grande Ourse.

La Voie lactée est la partie la plus visible de la galaxie dans laquelle nous nous trouvons.

En dehors du contexte de l'astronomie, les mots *lune, terre* et *soleil,* ne prennent pas de majuscule.

On écrit *l'ère primaire, l'ère secondaire, l'ère tertiaire.*

La règle de la majuscule et du titre

- Un titre prend toujours une majuscule au premier mot :

  Un amour de Swann (Marcel Proust)

- Si le premier mot est un article défini (*le, la, les*) le deuxième mot prend une majuscule :

  La Prisonnière (Marcel Proust)

- Si le premier mot est un article défini (*le, la, les*) suivi d'un adjectif qui qualifie un nom, cet adjectif prend aussi une majuscule :

  Le Dernier Jour d'un condamné (Victor Hugo)

- Si le titre se compose de noms coordonnés, on met une majuscule à chacun des noms :

  Le Rouge et le Noir (Stendhal)

  « Le Corbeau et le Renard » (La Fontaine)

- On rencontre aussi la minuscule pour l'article devant le premier nom du titre :

  Victor Hugo a écrit les Misérables.

- Si l'article ne fait pas partie du titre, il prend une minuscule :

  *Homère a écrit l'*Iliade *et l'*Odyssée.

- Si le titre est une phrase, seul le premier mot prend une majuscule :

  L'affaire tourne au sale (Gordon Zola)

  Le crado pince fort (Gordon Zola)

  L'ascète boude le cristal (Gordon Zola)

On s'exerce ?

1. La fête de la Musique/Fête de la musique a lieu le jour du solstice d'été.
2. La tour/Tour Eiffel est visitée par des millions d'étrangers.
3. La tour/Tour Montparnasse compte cinquante-huit étages.
4. La Québécoise/québécoise Denise Bombardier a écrit le *Dictionnaire amoureux/dictionnaire Amoureux du Québec.*
5. *Bajazet* de Racine est joué à la Comédie-Française/la Comédie française.

6. Le mont Blanc/Mont-Blanc se trouve dans le massif du Mont-Blanc/mont Blanc.
7. Le pôle Nord/Pôle nord et le pôle Sud/Pôle Sud sont distants de 20 000 km.
8. Du Havre au Tréport s'étend la Côte/côte d'Albâtre.
9. Il est admis à l'École centrale/école Centrale et à l'École polytechnique/l'école Polytechnique.
10. Vous savez que le romanée-conti/Romanée Conti est produit sur le climat de la Romanée-Conti/romanée-conti.
11. Le ministre des Finances/Ministre des finances et le premier Ministre/Premier ministre se rencontrent demain.
12. Avez-vous lu *Les Pies Jouent de la Castagnette/Les pies jouent de la castagnette* de Gordon Zola ?
13. Je vous offre *Les Poils mystérieux/Les poils mystérieux* de Gordon Zola.
14. La planète/Planète Mars est appelée la planète/Planète rouge.
15. Au Premier Empire/empire et à la Restauration/restauration succédèrent les Trois/trois Glorieuses.

(10)

La règle pour connaître la nature et la fonction des mots

Pour maîtriser la langue française, il est indispensable de connaître la nature (l'identité) des mots, et leur fonction (leur rôle dans la phrase), sinon, on ne peut en appliquer aucune des règles qui sont expliquées dans cet ouvrage.

Les dix natures de mots dans la phrase

Dix catégories de mots composent la phrase.

1. Connaître les prépositions

Les prépositions sont de petits mots invariables qui servent de lien entre un mot ou un groupe de mots et son complément.

La préposition précise ce lien :

le but (*pour*)

le lieu (*dans*)

le temps (*avant*)…

Montrons l'exemple en un seul mot

Les prépositions peuvent voyager en solitaire : *à, de, par, pour, sans, sous, sur, avec, en, dans, avant, après, devant, derrière, dessus, dessous, chez, contre, depuis, vers, malgré, durant, jusque, pendant, entre, parmi, outre, hormis, touchant, suivant, voici, voilà*.

Montrons l'exemple en quelques mots

Elles peuvent aussi s'associer à d'autres, avec ou sans trait d'union ; on les appelle alors des locutions prépositives : *à cause de, à côté de, afin de, à l'exception de, à partir de, à travers, au-delà de, au-dessous de, au-dessus de, au lieu de, au moyen de, autour de, de façon à, de manière à, en dépit de, en raison de, grâce à, par-dessous, par-dessus, près de, quant à*, etc.

Les grands moyens pour retenir

Une courte liste de prépositions peut être retenue sous la forme d'une phrase mnémotechnique :

> *Voici, voilà : à, dans, par, pour, en, vers, avec, de, sans, sous, sur.*
>
> *(Voici, voilà : Adam part pour Anvers avec deux cents sous sûrs)*

2. Connaître les pronoms

On compte sept familles de pronoms.

Montrons l'exemple

1. La famille personnelle

Cette famille se répartit en deux catégories :

- Les **pronoms personnels sujet** : *je, tu, il, elle, nous, vous, ils, elles.*
- Les **pronoms personnels complément** : *me, te, le, la, lui, se, nous, vous, leur, moi, toi, soi, eux, en, y.*

L'exemple de la famille

Je te le dis, cet hôtel me plaît, mène-m'y !

Je, te, le, me, m' et *y* sont des pronoms personnels.

2. La famille possessive

Les pronoms possessifs varient en genre, en nombre et en personne. En voici la liste :

Masculin singulier	le mien, le tien, le sien,
	le nôtre, le vôtre, le leur
Féminin singulier	la mienne, la tienne, la sienne
	la nôtre, la vôtre, la leur
Masculin pluriel	les miens, les tiens, les siens
	les nôtres, les vôtres, les leurs
Féminin pluriel	les miennes, les tiennes, les siennes
	les nôtres, les vôtres, les leurs

L'exemple de la famille

Votre orthographe décline, la nôtre progresse.

La nôtre est un pronom possessif, sujet de *progresse.*

3. La famille démonstrative

Les pronoms démonstratifs servent à montrer, ils désignent l'être, l'idée ou la chose dont on parle, dont on vient de parler, dont on va parler :

Celui, celui-ci, celui-là

Celle, celle-ci, celle-là

Ce, ceci, cela (qui donne *ça*, sans accent)

Ceux, ceux-ci, ceux-là

Celles, celles-ci, celles-là

L'exemple de la famille

J'achète une voiture et une peau de chamois. Je mettrai celle-ci dans mon sac et celle-là dans mon garage.

Le pronom démonstratif *celle-ci,* COD de *mettrai,* désigne ce qui le précède immédiatement ; *celle-là* désigne l'élément le plus éloigné.

4. La famille indéfinie

Dans la famille indéfinie, on ne s'embarrasse pas de détails, on demeure évasif, allusif, global, bref, on est indéfini !

Certains d'entre eux sont invariables :

Plusieurs, personne, on, rien, quiconque, autrui, quelque chose, n'importe qui, n'importe quoi, tout le monde

L'exemple de la famille

Quiconque a beaucoup vu

Peut avoir beaucoup retenu (La Fontaine)

Quiconque est sujet du verbe *voir* conjugué au passé composé : *a vu.*

Dans la phrase On *est fatigué(s),* doit-on accorder *fatigué* ?

- On *est fatigué* (sans accord) :

  On est fatigué après une longue marche, c'est une vérité générale qui concerne tout le monde et rejoint la valeur étymologique (latine) du pronom indéfini *on* : *homo*, l'homme en général.

- On est fatigué (sans accord) :

  Tu es fatigué, vous (avec la valeur de *tu*) êtes fatigué, c'est une façon familière de s'adresser à son interlocuteur.

- On est fatigués (avec accord par syllepse : selon le sens) :

  Nous sommes fatigués, *on* représente ici un groupe précis, presque dénombrable, et ce pronom indéfini *on* a la valeur du pronom personnel *nous*, ce qui impose l'accord : *fatigués.*

Pour les sceptiques qui ne se résolvent pas à accorder au pluriel l'adjectif qui vient après le verbe et qualifie le sujet on, voici le cas de trois jeunes filles qui, élues reine et dauphines de beauté, vont dire à ceux qui les regardent :

On *est belles, n'est-ce pas ?*

Elles ne vont évidemment pas affirmer :

On *est beaux, n'est-ce pas ?*

Partant de cette observation, de cette évidence, effectuez toutes les déductions nécessaires lorsque se présente à vous une situation où l'accord avec le pronom *on* fait débat et menace de tourner au pugilat...

D'autres varient :

Aucun (aucune)

L'autre (les autres)

Un autre (une autre)

Certain (certains, certaine, certaines)

Chacun (chacune)

Le même (la même, les mêmes)

Nul (nuls, nulle, nulles)

L'un (les uns, l'une, les unes)

Quelqu'un (quelques-uns, quelqu'une, quelques-unes)

Tel (tels, telle, telles)

Tout (tous, toute, toutes), pas un (pas une)

Certains noms n'existant qu'au pluriel, le déterminant qui les précède s'écrit au pluriel :

Aucuns frais ne vous seront réclamés.

Aucunes arrhes ne sont exigées.

L'exemple de la famille

***Tout* avec adjectif masculin : adverbe ou pronom indéfini ?**

- **Adverbe**, on peut le remplacer par « complètement ».

  Au masculin :

  Les footballeurs sont tout *(complètement) étonnés de leurs résultats.*

- **Pronom indéfini**, il s'accorde avec le sujet du verbe.

- Au masculin :

  Les footballeurs sont tous *étonnés de leurs résultats.*

Tout avec adjectif féminin : adverbe ou pronom indéfini ?

- **Adverbe**, on peut le remplacer par « complètement ».

  Au féminin :

  Les escrimeuses sont tout *(complètement) heureuses d'avoir réussi.*

  Attention : l'adverbe *tout* varie devant un adjectif commençant par un *h* aspiré :

  Les escrimeuses sont toutes *honteuses d'avoir perdu.*

  Mais ce *toutes* au pluriel peut aussi être un pronom indéfini, on ne peut le savoir :

  Les escrimeuses sont toutes *honteuses d'avoir perdu.*

  Voilà l'un des rares cas où la langue française est prise en flagrant délit d'ambiguïté. Les escrimeuses sont-elles complètement honteuses d'avoir perdu ? Ou bien sont-elles toutes, sans exception, honteuses d'avoir perdu ? Seule l'intonation qu'on emploie pour dire cette phrase peut répondre à cette question.

- **Pronom indéfini**, *tout* s'accorde avec le sujet du verbe.

  Au féminin :

  Les escrimeuses sont toutes *heureuses d'avoir réussi.*

- **Le cas de tout entière**

La question se pose souvent : doit-on écrire *toute entière* ou *tout entière* ?

Si *tout* peut être remplacé par *complètement*, c'est un adverbe, donc il est invariable.

Tout, dans l'expression *tout entière*, signifie *complètement*.

Son statut d'adverbe lui interdit l'accord.

On écrit donc : *Elle était tout entière occupée à sa tâche.*

Vous rappelez-vous pourquoi on écrit *tout heureuse*, mais *toute honteuse* et *toutes surprises* ?

5. La famille relative

Voici la liste des pronoms relatifs :

Qui, que, quoi, dont, où, lequel et ses composés : *laquelle, lesquelles, lesquels, auquel, à laquelle, auxquels, auxquelles, duquel, de laquelle, desquels, desquelles*

L'exemple de la famille

> *Les candidats desquels vous avez loué les qualités dont nous avons parlé ont voté la loi qui vous avantage.*

Desquels prend la marque du genre et du nombre du nom qui le précède, masculin pluriel : *desquels.*

Desquels, pronom relatif, est complément du nom *qualités* (les qualités de *desquels,* des candidats).

Dont, pronom relatif, est complément d'objet indirect de *nous avons parlé.*

Qui, pronom relatif, est sujet de *avantage.*

> *Le magasin fut cédé par la veuve Dumont à laquelle il appartenait.*

Le pronom relatif composé *à laquelle* remplace *la veuve.*

Voilà pourquoi on doit l'accorder avec cet antécédent, *veuve,* qui est du féminin singulier. Le féminin singulier formé à partir du pronom relatif lequel donne : *laquelle.*

Si l'antécédent était *les veuves, lequel* serait à accorder au féminin pluriel : *les veuves* auxquelles *appartenait…*

Si l'antécédent était *les veufs, lequel* serait à accorder au masculin pluriel : *les veufs* auxquels *appartenaient…*

6. La famille interrogative

Voici la famille des pronoms interrogatifs au grand complet :

> *Qui, que, quoi, où, lequel* et ses composés : *laquelle, lesquelles, lesquels, auquel, à laquelle, auxquels, auxquelles, duquel, de laquelle, desquels, desquelles.*

Les pronoms interrogatifs peuvent être précédés de prépositions : *par qui ? vers quoi ? par où ?*

L'exemple de la famille

Qui va là ?

Qui, pronom interrogatif, est sujet de *va.*

7. La famille des pronoms numéraux

La famille des pronoms numéraux se répartit en deux groupes :

- **Les cardinaux** (*un, deux, trois…*)
- **Les ordinaux** (*le premier, le deuxième, le troisième…*).

L'exemple de la famille

Vous avez de grands bœufs dans votre étable… Donnez-m'en quatre !

Quatre est un pronom numéral cardinal, COD de *donnez.*

3. Connaître les déterminants

Deux familles : les articles et les adjectifs.

1. Les articles

- Les articles **définis** : *le, la, les*
- Les articles **indéfinis** : *un, une, des*
- Les articles **partitifs** : *du, de la, des*

L'exemple de la famille

Peux-tu me passer le sel, une poire et du pain ?

Le : article défini, détermine *sel.*

Une : article indéfini, détermine *poire.*

Du : article partitif, détermine *pain.*

2. Les adjectifs

- Les adjectifs **numéraux cardinaux** : *un, deux, trois, quatre, cinq, six, sept, huit, neuf, dix, onze, douze, vingt, cent, mille…*
- Les adjectifs **numéraux ordinaux** ; ils précisent le rang, l'ordre : *premier, deuxième, trentième, soixante et onzième…*
- Les adjectifs **indéfinis** : *aucun, autre, certain, chaque* (invariable), *différents, divers, maint, même, nul, plusieurs, quelque, quelconque, tel, tout, pas un, n'importe quel, beaucoup de, bien des…*

L'exemple de la famille

- Quelque, adjectif indéfini, s'écrit en un mot :

  J'ai acheté quelques *diamants pour la reine.*
- Lorsque *quelque… que* encadre un nom, *quelque,* adjectif indéfini, s'accorde avec ce nom :

  Quelques *regrets* que *la reine en ait, les diamants iront en Angleterre.*
- **Attention,** quelque **peut être adverbe.**

- Lorsque *quelque… que* encadre un adjectif, *quelque* est alors adverbe et ne s'accorde pas :

  Quelque *concentrés* que *vous paraissiez tous, rêvons ensemble que nous nous envolons vers Essaouira.*

  Quelque *épais* que *fût ce brouillard, il ne put m'empêcher de voir un homme de petite taille* (*quelque* ne s'élide que devant *un* ou *une*).

- Quelque est adverbe invariable également lorsqu'il « signifie à peu près, environ » :

  Il y a quelque *cinquante ans, Bourvil joua le rôle de Planchet dans* Les Trois Mousquetaires.

- On écrit *quelque* au singulier dans l'expression *quelque temps* (cela signifie « un certain temps ») :

  Il y a quelque temps, vous êtes venu me voir.

- Les adjectifs **démonstratifs** : *ce, cet, ces,* renforcés par *-ci* ou *-là* (*cette choucroute-ci, ce pianiste-là*).
- Les adjectifs **possessifs** :

Masculin singulier	mon, ton, son, notre, votre, leur
Féminin singulier	ma, ta, sa, notre, votre, leur
Pluriel	mes, tes, ses, nos, vos, leurs

- Les adjectifs **interrogatifs** : *quel, quels, quelle, quelles*

  Un exemple : *Quelle heure est-il ?*

  Quelle, adjectif interrogatif, s'accorde avec le nom *heure* qu'il détermine.

- Les adjectifs **exclamatifs** : *quel, quels, quelle, quelles*

  Un exemple : *Quels imbéciles !*

  Quels, adjectif exclamatif, s'accorde avec le nom *imbéciles* qu'il détermine.

4. Connaître le verbe

Il existe plus de dix mille verbes, et chacun d'entre eux peut gouverner le cœur d'une phrase. Ils sont divisés en deux catégories :

- **Les verbes d'action** – leur nom l'indique : ils expriment une action : *demander, répondre…* Ils représentent la presque totalité des verbes.
- **Les verbes d'état** – ils introduisent une façon d'être, un état, ils sont peu nombreux : *être, paraître, devenir, demeurer, rester, avoir l'air, passer pour…*

5. Connaître l'adverbe

L'adverbe, invariable, sert à modifier peu ou prou (un peu ou beaucoup) un verbe, un adjectif, un autre adverbe ou un nom.

Voici les différentes catégories d'adverbes :

Adverbes de manière

Bien, mal, mieux, vite, et tous les adverbes construits à partir d'un adjectif : facilement, rapidement, doucement, longuement…

Cas particulier

La règle des adverbes dérivés des adjectifs en *-ant* ou *-ent* est très simple à appliquer : *brillant* donne brillamment (on conserve le *a* de *brillant*, et on ajoute deux *m*) ; *apparent* donne *apparemment* (on conserve le *e* de *apparent* et on ajoute deux *m*).

- Voici les adverbes tirés des adjectifs en *-ant* :

  Abondant / abondamment

  Bruyant / bruyamment

  Complaisant / complaisamment

  Constant / constamment

  Courant / couramment

  Élégant / élégamment

  Étonnant / étonnamment

  Galant / galamment

  Méchant / méchamment

  Nonchalant / nonchalamment

  Notant (participe présent) / *notamment*

  Pesant / pesamment

  Plaisant / plaisamment

  Précipitant (participe présent) / *précipitamment*

  Puissant / puissamment

- Voici les adverbes tirés d'adjectifs en *-ent* :

  Apparent / apparemment

  Ardent / ardemment

  Décent / décemment

  Conscient / consciemment

  Différent / différemment

  Éloquent / éloquemment

  Éminent / éminemment

  Évident / évidemment

  Fréquent / fréquemment

  Innocent / innocemment

  Insolent / insolemment

  Intelligent / intelligemment

  Négligent / négligemment

  Patient / patiemment

  Pertinent / pertinemment

  Précédent / précédemment

  Prudent / prudemment

  Récent / récemment

On ajoute *-ment* aux adjectifs qualificatifs masculins terminés par *-ai, -é, -i, -u,* pour former l'adverbe de manière (excepté : gaiement) :

Vraiment

Désespérément

Joliment.

Attention : *assidûment, continûment, crûment, dûment, goulûment, indûment* prennent un accent circonflexe sur le *u*.

Adverbes de quantité

Beaucoup, peu, trop, fort, extrêmement…

Adverbes de temps

Hier, aujourd'hui, demain, jamais, toujours…

Adverbes de lieu

Où, ici, là, ailleurs, là-bas…

Adverbes d'opinion

Oui, non, si, assurément, vraiment, probablement…

6. Connaître l'adjectif qualificatif

L'adjectif **qualificatif** qualifie, comme son nom l'indique… De ce dont il est question ou de ce qui est décrit, il précise la couleur, la ou les qualités, le ou les défauts, les dimensions, etc.

Les mots en gras dans ce deuxième quatrain du poème de Baudelaire « À une dame créole » sont des adjectifs qualificatifs :

> « Son teint est **pâle** et **chaud** ; la **brune** enchanteresse
> A dans le cou des airs noblement **maniérés** ;
> **Grande** et **svelte** en marchant comme une chasseresse,
> Son sourire est **tranquille** et ses yeux **assurés**. »

7. Connaître le nom

Il existe deux grandes familles de noms : les noms communs et les noms propres.

Les noms communs

On les identifie en les faisant précéder d'un article ou d'un autre déterminant (adjectif possessif, adjectif indéfini, adjectif démonstratif, adjectif numéral).

Les mots en gras dans ce premier quatrain du poème de Baudelaire « À une dame créole » sont des noms communs :

> « Au **pays** parfumé que le **soleil** caresse,
> J'ai connu, sous un **dais** d'**arbres** tout empourprés
> Et de **palmiers** d'où pleut sur les **yeux** la **paresse**,
> Une **dame** créole aux **charmes** ignorés. »

Les noms propres

On les reconnaît à la majuscule qu'ils exigent pour première lettre. Ce sont des noms propres d'hommes illustres, de marques, de villes…

Charles Baudelaire, Paul Verlaine, Arthur Rimbaud, Citroën, Renault, Peugeot, Paris, New York, Mexico…

8. Connaître les conjonctions

Les conjonctions se répartissent en deux catégories : les conjonctions de coordination et les conjonctions de subordination.

Les conjonctions de coordination

Les conjonctions de coordination, comme leur nom l'indique, coordonnent deux mots, deux groupes de mots en établissant entre eux un sens précis.

Les voici sous la forme d'une phrase mnémotechnique, destinée à les retenir facilement :

Mais, ou, et, donc, or, ni, car – ce qui donne lorsqu'on entend cette énumération, le fameux avis de recherche lancé pour retrouver un mystérieux Ornicar : Mais où est donc Ornicar ?

Les conjonctions de subordination

Les conjonctions de subordination introduisent des subordonnées conjonctives, compléments d'une proposition principale.

Voici la liste des conjonctions ou locutions conjonctives (plusieurs mots) de subordination ; elles expriment :

- **Le temps** : *avant que, après que, au moment où, aussitôt que, quand, lorsque, dès que, jusqu'à ce que, depuis que, une fois que, à mesure que, comme* (*comme* peut aussi exprimer la cause ou la comparaison), *en même temps que, tandis que* (*tandis que* peut aussi exprimer l'opposition).
- **Le but** : *pour que, afin que, de peur que, de crainte que, de manière que, de façon que* (*de manière que, de façon que* peuvent aussi exprimer la conséquence, tout dépend du contexte).
- **La cause** : *parce que, puisque, étant donné que, vu que, comme, sous prétexte que, d'autant que, non que, comme.*
- **La conséquence** : *si bien que, de sorte que, de telle sorte que, de manière que, de façon que, au point que, si… que, tant… que, tellement… que, trop… pour que.*
- **La concession, l'opposition** : *bien que, quoique, encore que, quand bien même* (*quand bien même* peut aussi exprimer la condition), *même si, alors que, au lieu que, loin que, bien loin que, tandis que, si* (*si* peut aussi exprimer la condition).

L'exemple de la famille

Quoique ou *quoi que* ?

On écrit *quoique* en un mot si on peut le remplacer par la locution *bien que*. Sinon, on l'écrit en deux mots : *quoi que.*

Ses mains semblaient sales quoiqu'*elles fussent rincées d'eau claire (bien qu'elles fussent).*

Quoique *(bien que) vous me disiez beaucoup de bien de ce modèle, je n'en veux pas.*

Quoi que *vous me disiez, je ne veux pas de ce modèle (que vous me disiez quoi que ce soit).*

- **La condition** : *si, à condition que, pourvu que, en admettant que, pour peu que, en supposant que, à supposer que, si tant est que, à moins que, suivant que, selon que, au cas où, quand bien même, dans la mesure où.*

Cas particulier

Après le *si* exprimant la condition, on emploie l'indicatif et non le conditionnel :

Si tu venais entre cinq et sept heures (et non *si tu viendrais*), *nous pourrions nous entraîner avant l'épreuve.*

Si vous étiez venue (et non *si vous seriez venue*) *entre 5 et 7 heures, nous aurions pu nous entraîner avant l'épreuve.*

En revanche, on emploie le conditionnel passé 2e forme après *si* :

Si tu fusses venu entre cinq et sept heures, nous eussions pu nous entraîner avant l'épreuve.

Cette règle du *si* de condition qu'on ne doit pas faire suivre du conditionnel est condensée dans la formule connue : « Les *si* n'aiment pas les *rais* » (ni les *rions,* ni les *riez…*).

Mais on peut trouver des *rais* (des rions et des *riez*) après les *si,* à condition qu'ils soient interrogatifs indirects : *Je me demandais si tu viendrais entre cinq et sept heures pour l'entraînement.*

- **La comparaison** : *aussi… que, plus… que, moins… que, plus que, moins que, d'autant plus que, le même que, comme.*

9. Connaître les onomatopées

Nous possédons le don de l'imitation, nous sommes capables de reproduire toutes sortes de bruits : *crac, boum, hue ! Patatras, ding, dong, tic-tac, cocorico…*

10. Connaître les interjections

Petits mots qui en disent long… Nous voici : *Oh ! Ah ! Aïe ! Ouf ! Chut ! Bah ! Hein ? Zut ! Peuh ! Eh ! Hé ! Hélas !*

Les huit fonctions possibles dans la phrase

1. Le sujet

Le sujet répond à la question « qu'est-ce qui ? » ou « qui est-ce qui ? » posée au verbe.

Montrons l'exemple

Les hommes désapprouvent toujours ce qu'ils ne sont pas capables de faire (Christine de Suède).

Qui est-ce qui désapprouve toujours ? Ce sont *les hommes,* sujet de *désapprouvent.*

Attention à l'accord

C'est moi qui suis *le premier* (*moi* est l'équivalent de *je*).

C'est moi qui vais *le lui dire.*

C'est toi (*toi* est l'équivalent de *tu*) *qui* es *le deuxième.*

C'est toi qui vas *partir.*

C'est lui (*lui* est l'équivalent de *il*) *qui* est *le troisième.*

C'est nous qui sommes *les meilleurs.*

Vous faites partie des artistes qui ont *réussi.* (*qui,* sujet de *ont réussi* remplace *artistes* ; c'est une erreur de dire : *Vous faites partie des artistes qui avez réussi,* le verbe *a réussi* ne peut s'accorder avec *vous*).

Toi et moi irons *au marché* (*toi* + *moi* = *nous*).

Elle et lui partiront *de bonne heure* (*elle* + *lui* = *ils*).

Vous et elle achèterez *les fruits* (*vous* + *elle* = *vous* pluriel).

C'est vous et moi qui les endormirons (*vous* + *moi* = *nous*).

C'est vous et eux qui partirez *les derniers* (*vous* + *eux* = *vous* pluriel).

2. L'épithète

Un adjectif qualificatif qui n'est pas séparé par un verbe du nom qu'il qualifie a une fonction d'épithète. L'épithète est donc placée – oui, au féminin, on dit « une épithète » – à côté du nom qualifié, que ce soit avant ce nom (antéposée) ou après (postposée). Plusieurs épithètes peuvent qualifier le même nom.

Dans : *Petite, boulotte, falote, brunette, proprette, un peu bête, la jeune poule de ma basse-cour joue au petit coq*, l'adjectif *jeune* est épithète de *poule* ; *petite, boulotte, falote, brunette, proprette, bête* sont des épithètes détachées qui qualifient *poule*.

3. L'attribut

L'attribut est introduit par un verbe d'état (qui indique un état et non une action : *être, paraître, sembler, devenir, demeurer, rester, avoir l'air, passer pour*).

Dans :

La clarté est la politesse des hommes de lettres (Jules Renard), le mot *politesse* est attribut du sujet *clarté.*

Dans :

Cette clarté, je la trouve indispensable, l'adjectif qualificatif *indispensable* est attribut du complément d'objet direct *la* qui remplace *clarté.*

L'attribut du COD peut aussi être un nom.

Dans :

Cet homme de lettres ne vous prend pas pour un imbécile, le nom commun *imbécile* est attribut du pronom personnel COD *vous.*

4. L'apposition

L'apposition fournit au nom un équivalent qui le précise.

Ma poule, pondeuse *exceptionnelle, glousse chaque matin après avoir déposé dans son pondoir un œuf tout neuf,* promesse *de poussin ou prochaine* omelette.

Pondeuse est mis en apposition à *poule. Promesse* et *omelette* sont mis en apposition à *œuf.*

5. L'apostrophe

Dans : *Ô saisons ô châteaux / Quelle âme est sans défauts ?*, le poète Arthur Rimbaud qui aimait apostropher, apostrophe ici, interpelle les saisons, les châteaux, mis en apostrophe dans le poème justement intitulé « Ô saisons, ô châteaux ».

6. Les compléments du verbe

Les compléments du verbe sont au nombre de sept.

Le complément d'objet direct ou COD

Le complément d'objet direct répond à la question « quoi ? » posée directement au verbe, sans préposition.

Dans : *Les Huns préparaient des steaks tartares* (Raymond Queneau), *steaks* est COD de *préparaient,* ce mot répond à la question « quoi ? » posée au verbe.

Le complément d'objet indirect ou COI

Le complément d'objet indirect répond à la question « de qui ? », « de quoi ? », « à qui ? », « à quoi ? » posée au verbe de façon indirecte (« qui ? » ou « quoi ? » sont alors accompagnés des prépositions *à, de, pour, sur...*).

Dans : *De toi, je me souviens de tout* (E. Rostand), le pronom indéfini *tout* répond à la question « de quoi ? » posée au verbe. *Tout* est COI du verbe *se souvenir* (*je me souviens*).

Le complément d'objet second ou COS

Le complément d'objet second est un COI qui complète le verbe en même temps qu'un COD (le COD est le premier complément d'objet, le COS est le second complément d'objet).

Dans : *Ma mère me jette des seaux d'eau* (Jules Vallès), le pronom personnel *me* est un COI puisqu'il répond à la question « à qui ? » posée au verbe ; mais parce que le verbe *jette* possède déjà un COD (*des seaux*), ce COI devient un COS.

Le complément d'agent

On trouve le complément d'agent dans les phrases dont le verbe est à la voix passive (conjugué avec l'auxiliaire *être*). Le complément d'agent indique qui fait l'action exprimée par le verbe dont le sujet subit l'action, il répond aux questions « par qui ? » ou « par quoi ? », « de qui ? » ou « de quoi ? ».

Dans : *La sardine est grillée par Augustine,* le nom *Augustine* est complément d'agent (ce qui agit) du verbe *est grillée.* La sardine est grillée par qui ? Par Augustine.

Si on transforme cette phrase à la voix active, on obtient : *Augustine grille la sardine.*

Le complément circonstanciel

Le complément circonstanciel répond aux questions posées au verbe concernant les circonstances dans lesquelles se sont déroulées les actions évoquées.

Ce sont le temps, le but, la cause, la conséquence, la condition, la concession ou opposition, la comparaison, le lieu, la manière, le moyen, la quantité.

Dans : *Demain, dès l'aube, à l'heure où blanchit la campagne, je partirai,* trois compléments circonstanciels de temps précisent l'action exprimée par le verbe *partir,* ils répondent à la question « quand ? » posée au verbe : *demain - dès l'aube - à l'heure où blanchit la campagne.*

7. Le complément du nom

Le complément du nom, comme son nom l'indique, complète le nom… Ce complément du nom peut être un nom, une proposition conjonctive…

Dans : *La mère de Jules tricote des pulls,* le nom *Jules* complète le nom *mère.*

8. Le complément de l'adjectif

Dans : *La mère de Jules est fière de ses pull-overs, pull-overs* est complément de l'adjectif *fière.*

On s'exerce ?

1. Combien de prépositions ou de locutions prépositives cette phrase comporte-t-elle ?

Au lieu de regarder les mouches voler au moyen de leurs petites ailes transparentes, va à la pêche avec ton frère, rejoins l'étang à travers champs, et tends ta ligne au-dessus de l'eau claire.

2. Quelles familles de pronoms sont utilisées dans les phrases qui suivent ?

Ces chaussettes sont vert et jaune, les miennes sont bleu et vert, les siennes sont marron clair.

Quiconque a beaucoup lu peut avoir beaucoup retenu.

C'est de vous que nous allons parler, oui, c'est vous dont nous allons parler !

3. Comment accorde-t-on *quelque* dans les exemples suivants ?

Quelque déçus qu'ils soient, les candidats devront rentrer chez eux.

Quelques bénéfices que l'entreprise ait tirés de cette affaire, c'est une bonne affaire.

Voilà quelque vingt ans, vous réussissiez la traversée de l'Atlantique à la rame.

Il y a quelque temps, tu es allé en Colombie.

4. Comment orthographier les adverbes de manière tirés des adjectifs suivants ?

Brillant : brill...........

Méchant : méch...........

Violent : viol...........

Conscient : conscie...........

Évident : évid...........

Négligent : néglig...........

Pertinent : pertin...........

Courant : cour...........

Élégant : élég...........

Étonnant : étonn...........

5. Comment orthographier les pronoms relatifs composés ?

Ces problèmes financiers d......qu...l... nous parlons compteront beaucoup dans la campagne électorale.

Les règlements a....qu....l... vous faites allusion sont périmés.

Ces décisions a....qu....l.... nous aurions dû réfléchir davantage doivent être annulées.

6. Pouvez-vous compléter la liste des conjonctions de coordination ?

Mais, …, …, …, …, ni, …

7. Quelle circonstance est exprimée dans chacune de ces propositions ?

Quoique tu puisses réaliser seul ce travail, je te propose mon aide.

Sous prétexte que sa voiture consomme trop, il ne veut pas dépasser 60 km à l'heure.

De peur que les branches tombent sur le toit, il faut abattre l'arbre.

8. Emploie-t-on *quoi que* en deux mots ou *quoique* en un mot ?

Quoi que tu me dises, je n'en tiendrai pas compte.

Quoi que ce journaliste raconte, j'irai vérifier sur place.

Quoique cette substance soit nocive, elle est incorporée dans ce mélange.

9. Maîtrisez-vous l'accord sujet verbe ?

Nous sommes de ceux qui avons/ont la chance de former une équipe.

Vous êtes une équipe qui avez/a gagné la confiance des clients.

Vous et moi allons/vont chercher des moyens de gagner.

C'est eux et nous qui partirons/partiront les derniers.

Vous et lui partez/partent pour l'étranger.

10. Dans ces phrases, identifiez un complément d'agent, un complément d'objet direct, un complément d'objet second, un complément circonstanciel, un complément du nom, un complément de l'adjectif.

Chaque matin, il va courir.

……………………... complément

………………………...

Puis il achète une baguette.

……………………... complément

………………………...

Il parle de la pluie et du beau temps.

……………………... complément

………………………...

Il est dépassé par les événements.

……………………... complément

………………………...

Il est triste du résultat.

……………………... complément

………………………...

La croûte du pain est dure.

……………………... complément

………………………...

Il offre un croissant à sa voisine.

……………………... complément

………………………...

……………………... complément

………………………...

Bonus

Maîtriser les accents

Ne mettons pas d'accent circonflexe sur…

Bateau (ne pas confondre avec *bâtiment*), *aromate, aromatiser, atome, boiter, boiteux, chalet, chapitre, chute, cime, colon* (le colonisateur), *déjeuner, dévot, drolatique, égout, faner, fantomatique, fibrome, gaine, gracier, gracieux, haler* (tirer une charge), *havre, infamant, moelle, pédiatre, psychiatre, psychiatrie, pupitre, racler, symptomatique, tache* (de café, de sang), *zone.*

Mettons l'accent circonflexe sur…

Abîme (le chapeau de la cime est tombé dans l'abîme), *aîné, arôme, bâbord, bêtise, boîte* (de carton, par exemple), *boîtier, côlon* (l'intestin), *dîme, diplôme, épître, flâner, flûte, fût* (de colonne, de vin ou de fusil), *gîte, hâler* (bronzer), *infâme, jeûner, piqûre, symptôme, tâche* (le travail).

Maîtriser les monstres de l'orthographe

Les monstres de l'orthographe :

Quand même et non *comme même*

Quand bien même et non *combien même*

Saupoudrer et non *soupoudrer*

Orthodontiste et non *orthodentiste*

Rémunérer et non *rénumérer*

Dilemme et non *dilemne*

Une espèce de pilote et non *un espèce de pilote*

(Mais Céline écrit : « un espèce de tuberculeux ». On trouve aussi « un espèce de » chez Maurice Druon, François Mauriac, et même chez le prix Nobel de littérature Claude Simon qui écrit : « cet espèce d'oiseau » – mais on n'est pas obligé de les suivre…)

Aller d'un extrême à l'autre et non *aller d'une extrême à l'autre*

Maîtriser les monstres de la prononciation

- *Un œuf, deux œufs, des œufs,* des « eu », une douzaine d' « eu »
- *Un blanc d'œuf, des blancs d'œufs* (prononcer « eu »), *deux blancs d'œufs* (prononcer « eu »)
- *Du blanc d'œuf* (prononcer comme « un œuf »)
- *Un bœuf, des bœufs* (prononcer des « beu »)

- *Un agenda* : a – gein – da, et non un a – jan – da, rien à voir avec un agent !
- *Dompter, dompteur* se prononcent « donter », « donteur ». Le *p* a été ajouté au XIVe siècle ; bizarrement, il n'est pas étymologique, et on écrit au XVIIIe siècle *donter, donteur.* Ce n'est qu'au début du XXe siècle que le *p* se réactive. Mais on doit encore prononcer « donter » et « donteur ».
- *Juin* : incroyable le nombre de ceux qui prononcent « joint », au lieu de « ju – in » ! Est-ce l'influence de l'époque ou bien la prononciation part-elle en fumée ?
- De même pour une *baignoire* : on entend : « bainoire », au lieu de « bai – gnoi – re ». Le son produit par le groupe *gn* est ignoré et réduit au seul *n*, alors qu'on entend le son « gn » très nettement dans *baignade, se baigner* : on ne prononce pas « bainade » ou « se bainer »…
- *Linguiste* : lorsqu'on demande à l'un de mes amis : « Vous êtes lingouiste ? » Il répond : « Hui ! » Il souligne ainsi que la prononciation de ce mot n'est pas « lingouiste », mais « lin – gü – iste ». C'est un glissement phonique effectué à partir de *langouste* qui a dû perturber à la fois le mot *linguiste* et le mot *linguistique,* qui ne se prononce pas « lingouistique ».

- *Moelle, moelleux,* se prononcent « moual », « moualeu », et non « mouèl » et « mouèleu » ; on dit aussi *moellon,* qu'on prononce « moilon ».
- *Poêle* : une « poual » et non une « pouèl », l'ustensile de cuisine.

  Poêle : un « poual », et non un « pouèl », l'appareil de chauffage, anciennement chambre chauffée.
- Poêle : un « poual » et non un « pouèl », drap recouvrant le cercueil.
- Un *auvent* : on entend parfois « le auvent », qu'on évitera de répéter, sachant que le mot *auvent* ne prend pas de *h* et encore moins de *h* aspiré, et qu'il n'y a donc aucune raison de prononcer « le auvent ».
- *Rehausser* : « re – hausser » et non « ré – hausser ».
- *Soient* **:** le subjonctif présent du verbe *être* à la 3ᵉ personne du singulier – *qu'il soit* – et à la 3ᵉ personne du pluriel – *qu'ils soient* – se prononce « soi », et non comme on peut l'entendre « souaille » : *il faut qu'il soit* (« soi ») *convaincu par ma réponse* – et non « qu'il souaille »…
- *Voient* : le subjonctif présent du verbe voir à la 3ᵉ personne du singulier – *qu'il voie* – et à la 3ᵉ personne du pluriel – *qu'ils voient* – se prononce « voi », et non comme on peut l'entendre « vouaille » : *il faut qu'il voie* (« voi ») *ce que j'ai réalisé* – et non « qu'il vouaille »…

Maîtriser les petits doutes

A ou à ?

On écrit *a* (verbe *avoir*) quand on peut le remplacer par *avait,* sinon on écrit *à* (la préposition).

> *Ce bûcheron a (avait) abattu trois arbres ce matin.*
>
> *Il les avait abattus à* (on ne peut remplacer ce « a » par avait, on écrit donc *à*) *la hache.*

La ou l'a ?

On écrit *la* (pronom personnel devant un verbe) lorsqu'on peut le remplacer par *le.*

On écrit *l'a* quand on peut remplacer par *l'avait* ; on écrit *là* quand on peut remplacer par *ci* ou par *ici.*

> *Cette hache, je la contemple avec un regard affûté* (*cet outil, je le contemple* : on peut remplacer *la* par *le* ; *la* s'écrit donc en un mot).
>
> *Cette hache, le bûcheron l'a affûtée* (*le bûcheron l'avait affûtée,* on écrit donc *l'a,* il s'agit du verbe *avoir*).

Ont ou on ?

On écrit *ont* quand on peut remplacer par *avaient,* sinon on écrit *on* (pronom indéfini).

> *Les bûches de sapin ont été entassées* (*les bûches avaient été… Ont* s'écrit ainsi car il s'agit ici du verbe *avoir*).

On a brûlé les bûches de sapin (*on* ne peut être remplacé par *avait* ; on écrit donc le pronom personnel *on*).

Sont ou son ?

On écrit *sont* quand on peut le remplacer par *étaient,* sinon on écrit *son.*

Les rondins sont (étaient) empilés dans son (on ne peut substituer *était* à *son* ; on écrit donc *son,* adjectif possessif) *appentis.*

T'a, m'a ou ta, ma ?

On écrit *t'a* ou *m'a* si on peut les remplacer par *t'avait* ou *m'avait,* sinon on écrit *ta* ou *ma.*

Ce bûcheron t'a (t'avait) demandé ta (adjectif possessif) *main ?*

Quand, quant ou qu'en ?

On écrit *quand* lorsqu'on peut le remplacer par *au moment où.*

On écrit *quant* lorsqu'il est suivi de la préposition *à* (ou *au, aux*) et que l'ensemble *quant à* signifie « pour ce qui est de, en ce qui concerne ».

On écrit *qu'en* lorsqu'on peut remplacer le *qu'* par *que.*

Quand le bûcheron est arrivé avec sa tronçonneuse et sa hache, les arbres ont frémi.

Sa tronçonneuse a vrombi. Quant à sa hache, elle a achevé le travail.

On ne peut aider la nature qu'en sacrifiant certains arbres.

Où ou ou ?

On écrit *où* lorsqu'on ne peut le remplacer par *ou bien* (si on peut le remplacer par *ou bien*, on écrit *ou*).

Sais-tu où (avec un accent sur *où* : on ne peut le remplacer par *ou bien*) *tu vas entasser tes rondins ?*

Je sacrifie le sapin ou (ou bien) le chêne ?

N'y ou ni ?

On écrit *n'y* lorsqu'on peut le remplacer par *ne* + verbe + *à cela, à lui, à elle, à eux.*

On écrit *ni* quand on peut le remplacer par *pas.*

Tuer un arbre ? Vous n'y pensez pas ! (*Vous ne pensez pas à cela = n'y*)

Elle ne pense ni à vous ni à moi. (*Elle ne pense pas à vous, pas à moi.*)

Ça ou çà

On écrit *ça,* sans accent, lorsque *ça* est la contraction du pronom démonstratif *cela.*

On écrit *çà* lorsque *çà* peut être remplacé par *ici.*

Je sais que ça (cela) vous gêne.

Venez çà (ici) que je vous dise ma pensée.

Maîtriser la conjugaison complète du verbe croire

Le verbe *croiver* n'existe pas !

Voici la conjugaison complète du verbe *croire.*

Mode indicatif

Indicatif présent
je crois
tu crois
il croit
nous croyons
vous croyez
ils croient

Indicatif imparfait
je croyais
tu croyais
il croyait
nous croyions
vous croyiez
ils croyaient

Indicatif passé simple
je crus
tu crus
il crut
nous crûmes
vous crûtes
ils crurent

Indicatif futur simple
je croirai
tu croiras
il croira
nous croirons
vous croirez
ils croiront

Indicatif futur antérieur
j'aurai cru
tu auras cru
il aura cru
nous aurons cru
vous aurez cru
ils auront cru

Indicatif passé composé
j'ai cru
tu as cru
il a cru
nous avons cru
vous avez cru
ils ont cru

Indicatif passé antérieur
j'eus cru
tu eus cru
il eut cru
nous eûmes cru
vous eûtes cru
ils eurent cru

Indicatif plus-que-parfait
j'avais cru
tu avais cru
il avait cru
nous avions cru
vous aviez cru
ils avaient cru

Mode conditionnel
Conditionnel présent
je croirais
tu croirais
il croirait
nous croirions
vous croiriez
ils croiraient

Conditionnel passé
j'aurais cru
tu aurais cru
il aurait cru
nous aurions cru
vous auriez cru
ils auraient cru

Mode subjonctif

Subjonctif présent
que je croie
que tu croies
qu'il croie
que nous croyions
que vous croyiez
qu'ils croient

Subjonctif passé
que j'aie cru
que tu aies cru
qu'il ait cru
que nous ayons cru
que vous ayez cru
qu'ils aient cru

Subjonctif imparfait
que je crusse
que tu crusses
qu'il crût
que nous crussions
que vous crussiez
qu'ils crussent

Subjonctif plus-que-parfait
que j'eusse cru
que tu eusses cru
qu'il eût cru
que nous eussions cru
que vous eussiez cru
qu'ils eussent cru

Mode impératif
Impératif présent
crois
croyons
croyez

Impératif passé
aie cru
ayons cru
ayez cru

Mode participe

Participe présent
croyant

Participe passé
cru, crue

Mode infinitif
Infinitif présent
croire

Infinitif passé
Avoir cru

Les rectifications orthographiques de 1990

Pour ceux qui veulent prendre connaissance des rectifications orthographiques proposées en 1990 (et non pas imposées) par le Conseil supérieur de la langue française – rectifications dont l'Académie française a précisé qu'elles étaient « soumises à l'épreuve du temps » avant d'être entérinées –, voici le lien qui vous conduira sur le site de ladite Académie française où vous trouverez les « rectifications » qui dissiperont (ou augmenteront, c'est selon…) vos doutes :

http://www.academie-francaise.fr/sites/academie-francaise.fr/files/rectifications_1990.pdf

On s'exerce ? Les réponses

1 – La règle de l'accord des nombres

1. 87 : quatre-vingt-sept
2. 120 : cent vingt
3. 600 : six cents
4. 820 : huit cent vingt
5. 2 000 : deux mille
6. 2 120 : deux mille cent vingt
7. 6 001 : six mille un
8. 7 821 : sept mille huit cent vingt et un
9. 10 019 : dix mille dix-neuf
10. 280 071 : deux cent quatre-vingt mille soixante et onze
11. 700 000 000 : sept cents millions

12. 7 895 456 222 : sept milliards huit cent quatre-vingt-quinze millions quatre cent cinquante-six mille deux cent vingt-deux

2 – La règle de l'accord du participe passé

1. Ces problèmes ont été **imaginés** par un célèbre mathématicien
2. Les vaches étaient **surveillées** par un dogue aussi puissant que beau
3. Les fromages que j'ai **dégustés** provenaient du village de Maroilles
4. Ces lettres que j'ai **écrites** n'ont pas été **lues**.
5. Les automobiles sont **lavées** par des rouleaux bleus.
6. Ces conducteurs sont **verbalisés** par la maréchaussée.
7. Les candidats à ce poste de radiologue ont été **reçus** toute la semaine.
8. Vois-tu ces fraises ? J'en ai **mangé** après les avoir **sucrées**.
9. Ces fleurs, il les avait **offertes** à l'artiste Rosa Bonheur.
10. Ces ouvrages sont **offerts** par l'auteur lui-même.

11. Les groupes armés qu'on a **laissés** attaquer se sont dispersés : ce sont les groupes armés qui ont attaqué.
12. Les groupes armés qu'on a **laissé** attaquer se sont dispersés : ce sont les groupes armés qui ont été attaqués.
13. Les antilopes qu'on a **vues** manger avaient à peine un an : ce sont les antilopes qui mangeaient.
14. Les antilopes qu'on a **vu** manger avaient à peine un an : ce sont les antilopes qui ont été mangées.
15. Quels livres de cet auteur maudit avez-vous **préférés** ?
16. Quels ouvrages de cet auteur charmant avez-vous **préféré** conserver ?
17. Les vitres qu'a **nettoyées** le commerçant sont **rayées**.
18. Ces statues de marbre, nous les avons **crues** vivantes.
19. Les poètes ne sont **lus** que par d'autres poètes.
20. Les branches qu'ont **coupées** les bûcherons brûleront l'hiver prochain.

3 – La règle de l'accord du participe passé pour les verbes pronominaux

1. Elles se sont **rencontrées**
2. elles se sont **plu**
3. elles se sont **aimées**
4. elles se sont **menti**
5. elles se sont **haïes**
6. elles se sont **nui**
7. elles se sont **séparées**
8. elles se sont **retrouvées**
9. elles se sont **souri**
10. elles se sont **réconciliées**
11. elles se sont **fait** faire de jolies robes
12. Les robes qu'elles se sont **faites** leur vont à merveille
13. Les robes qu'elles se sont **fait** envoyer leur vont à merveille
14. Elles se sont **photographiées**
15. Elles se sont **photographié** les pieds
16. Elles se sont **réchauffé** le cœur
17. Les visiteurs se sont **extasiés** devant les Rembrandt
18. Dans le musée, des policiers se sont **substitués** aux gardiens

19. Les visiteurs ne se sont **aperçus** de rien
20. Seuls les voleurs, prêts à agir, se sont **doutés** de quelque chose.

4 – La règle pour l'accord des adjectifs de couleur

1. Des **verts bouteille**
2. Des **blancs verdâtres**
3. Des murs **blanc-verdâtre**
4. Des chandails **vert bouteille**
5. Des vaches **pie-rouge**
6. Sa cravate est **bleu** et **noir**.
7. Ses chaussettes sont **marron**.
8. Ses chaussettes **jaune citron** étonnent même son pied.
9. Les **rouges pâles** de cette toile sont fades.
10. Les **bleu-vert** de cette couverture ont passé.
11. Les **groseilles** et les **pastèques** de sa palette concurrencent celles de Picasso.
12. Son cadeau est orné de nœuds **cerise**.
13. Elle avait choisi des rubans **nacarat**. (*Nacarat* qualifie une sorte de rouge)
14. Elle avait des yeux **zinzolins**. (Violet rougeâtre)
15. Quelle belle chevelure **châtain** *ou* **châtaine** !

16. Elle utilise des rouges à lèvres **turquoise**.
17. Les pétales **roses** de mon cerisier volettent dans l'atmosphère **bleu clair**.
18. La robe **kaki** qu'elle porte me plaît.
19. Sa jument **alezane** est malade, sa jument **bai clair** est guérie.

5 – La règle de l'accord des noms communs

1. Des **émeus** sont visibles dans le zoo.
2. Le prix de l'entrée est fixé à dix **euros**.
3. À travers les **soupiraux** du château, on apercevait la réserve de pommes.
4. Deux **œils-de-bœuf** ornaient la façade.
5. Magasin ouvert les **lundi** et **mercredi** de chaque semaine.
6. Les deux **Lecomte** viennent dîner ce soir.
7. Les **portes-fenêtres** sont ouvertes.
8. Les **porte-parole** ont fait une déclaration.
9. Enverras-tu des **faire-part** de naissance ?
10. Nous ne trouvons pas nos **tire-bouchons**.
11. Les **hiboux** ont-ils des **poux** ?
12. Avez-vous acheté vos **landaus** pour vos **jumeaux** ?

13. Le poissonnier nous a vendu deux **lieus**.
14. Quand les **juillets** faisaient crouler les **cieux**…
15. Les **Tudors** se levaient-ils de bonne heure ?
16. Les **Habsbourg** ont toujours vécu à la cour.
17. Ces giboulées produisent de beaux **arcs-en-ciel**.
18. Les **rouges-gorges** chantent dès le matin.
19. J'arrive dans une **demi-heure**.
20. Les **gardes-chasse** avaient démonté **leurs garde-boue**.

6 – La règle de l'accord de l'adjectif qualificatif

1. Cette **huguenote rigolote**, un peu **jeunotte** et **pâlotte**, n'est pas **vieillotte**.
2. Les fours **banaux** caractérisent la féodalité.
3. Ces paysages sont **banals**.
4. Ces femmes **chic** défilent pour un grand couturier.
5. Elle s'est acheté des **nu-pieds**.
6. Ils arrivent à midi et **demi**.
7. **Feu** ma grand-mère roulait les « r ».
8. Envoyez le plus de lettres **possible**.
9. Ces candidats s'expriment à **mi-voix**.

10. Ce garçon est malin, cette fille est **maligne**.

7 – La règle pour reconnaître les homonymes

1. Il habite sur le deuxième **palier**.
2. Cendrillon portait des pantoufles de **verre**.
3. Il me faudrait une **vis** pour suspendre ce tableau.
4. Je manque d'idées, faites-moi des **suggestions**.
5. Ce soir-là, près de la mare, les **rainettes** coassèrent longtemps.
6. Un syllogisme est composé de deux **prémisses** et d'une conclusion.
7. Cartouche subit le **martyre** de la roue sur la place de Grève.
8. Les chevaux **halaient** les péniches près des rivières.
9. Prépare les chevaux, nous partons en **balade**.
10. La **cane** était suivie de ses petits en file indienne.
11. Vous êtes un homme **sensé** !
12. Vous êtes **censé** connaître cette loi !
13. Savez-vous à qui vous avez **affaire** ?
14. Posez cette planche sur **chant**.
15. Ce **cheminot** répare les rails.
16. Nous sommes fâchés, j'ai un **différend** avec lui.

17. Cet arbre aux fleurs blanches est un cerisier **enté**.
18. Ses cheveux sont noir de **jais**.
19. La dernière époque **glaciaire** remonte à des milliers d'années.
20. Vexé, le père de Chimène a donné un **soufflet** au père de Rodrigue.

8 – La règle pour bien conjuguer

1. Quel est le radical du verbe *attendre* ?

   Attend-.

2. À quel groupe le verbe *aller* appartient-il ?

   Même s'il se termine par *-er* comme les verbes du 1er groupe, le verbe aller appartient au 3e groupe à cause de ses 5 bases ; les verbes du 1er groupe ne possèdent qu'une base.

3. Qu'exprime le mode subjonctif ?

   Le doute.

4. *Tu te regardes* : quelle est la voix du verbe ?

   Voix pronominale.

5. *Le chat est passé par la fenêtre* : quelle est la voix du verbe ?

   Voix active, *par* introduit un complément circonstanciel de lieu.

6. *Le chat est nourri par son maître* : quelle est la voix du verbe ?

   Voix passive, *par* introduit un complément d'agent.

7. *Les cigognes migrent vers le Maroc* : le verbe est-il transitif ou intransitif ?

   Le verbe *migrer* est intransitif.

8. *Vous me parlez de vos soucis* : le verbe est-il transitif direct ou indirect ?

   Le verbe est ici transitif indirect (*parler de*).

9. *Dans deux jours, j'irai chez toi, c'est sûr* : prononce-t-on « j'iré » ou « j'irè » ?

   « J'iré », futur simple de l'indicatif.

10. *Je viendrais chez toi si tu m'invitais* : prononce-t-on « je viendré » ou « je viendrè » ?

    « Je viendrè », conditionnel présent.

11. *Je viendrai chez toi ce soir, j'en suis certain* : prononce-t-on « je viendré » ou « je viendrè » ?

    « Je viendré », futur simple de l'indicatif.

12. **J'eusse** préféré que vous me répondiez : conditionnel passé 2e forme.

13. J'aurais aimé qu'elle **regardât** dans ta direction : subjonctif imparfait.

14. Ces prunes sont mûres, **dégustes-en** quelques-unes.

15. **Regarde** ce film ! il est passionnant !

16. Le personnel **navigant** est en grève.
17. Tu es **fatigant** !
18. Les représentants des pays vainqueurs **démantèlent** l'empire.
19. Je ne sais pas si je me **fierais** à lui.
20. Hier à cette heure, nous **pliions** notre tente.

9 – Les règles d'emploi des majuscules

1. La **fête de la Musique** a lieu le jour du solstice d'été.
2. La **tour** Eiffel est visitée par des millions d'étrangers.
3. La **tour** Montparnasse compte cinquante-huit étages.
4. La **Québécoise** Denise Bombardier a écrit le Dictionnaire amoureux du Québec.
5. *Bajazet* de Racine est joué à la **Comédie-Française.**
6. Le **mont Blanc** se trouve dans le massif du **Mont-Blanc**.
7. Le **pôle Nord** et le **pôle Sud** sont distants de 20 000 km.
8. Du Havre au Tréport s'étend la **Côte** d'Albâtre.

9. Il est admis à l'**École centrale** et à l'**École polytechnique**.
10. Vous savez que le **romanée-conti** est produit sur le climat de la **Romanée-Conti.**
11. Le **ministre des Finances** et le **Premier ministre** se rencontrent demain.
12. Avez-vous lu *Les pies jouent de la castagnette* de Gordon Zola ?
13. Je vous offre *Les Poils mystérieux* de Gordon Zola.
14. La **planète** Mars est appelée la **planète** rouge.
15. Au Premier **Empire** et à la **Restauration** succédèrent les **Trois** Glorieuses.

10 – La règle pour connaître la nature et la fonction des mots

1. On trouve 6 prépositions ou locutions prépositives dans cette phrase :

   Au lieu de regarder les mouches voler **au moyen de** leurs petites ailes transparentes, va **à** la pêche **avec** ton frère, rejoins l'étang **à travers** champs, et tends ta ligne **au-dessus de** l'eau claire.

2. La famille des pronoms possessifs est utilisée dans la phrase suivante :

Ces chaussettes sont vert et jaune, **les miennes** sont bleu et vert, **les siennes** sont marron clair.

La famille des pronoms indéfinis est utilisée dans la phrase suivante :

Quiconque a beaucoup lu peut avoir beaucoup retenu.

La famille des pronoms relatifs est utilisée dans la phrase suivante :

C'est de vous **que** nous allons parler, oui, c'est vous **dont** nous allons parler !

3. **Quelque** déçus qu'ils soient, les candidats devront rentrer chez eux.

   Quelques bénéfices que l'entreprise ait tirés de cette affaire, c'est une bonne affaire.

   Voilà **quelque** vingt ans, vous réussissiez la traversée de l'Atlantique à la rame.

   Il y a **quelque** temps, tu es allé en Colombie.

4. Brillant : brillamment

   Méchant : méchamment

   Violent : violemment

   Conscient : consciemment

   Évident : évidemment

   Négligent : négligemment

   Pertinent : pertinemment

   Courant : couramment

Élégant : élégamment

Étonnant : étonnamment

5. Ces problèmes financiers **desquels** nous parlons compteront beaucoup dans la campagne électorale.

   Les règlements **auxquels** vous faites allusion sont périmés.

   Ces décisions **auxquelles** nous aurions dû réfléchir davantage doivent être annulées.

6. Mais, ou, et, donc, or, ni, car

7. **Quoique** tu puisses réaliser seul ce travail, je te propose mon aide : **la concession**

   Sous prétexte que sa voiture consomme trop, il ne veut pas dépasser 60 km à l'heure : **la cause**

   De peur que les branches tombent sur le toit, il faut abattre l'arbre : **le but**

8. **Quoi que** tu me dises, je n'en tiendrai pas compte.

   Quoi que ce journaliste raconte, j'irai vérifier sur place.

   Quoique ce journaliste raconte beaucoup de détails, j'irai voir sur place.

   Quoique cette substance soit nocive, elle est incorporée dans ce mélange.

9. Nous sommes de ceux qui **ont** la chance de former une équipe.

Vous êtes une équipe qui **a gagné** la confiance des clients.

Vous et moi **allons** chercher des moyens de gagner.

C'est eux et nous qui **partirons** les derniers.

Vous et lui **partez** pour l'étranger.

10. *Chaque matin, il va courir* :

    Chaque matin : complément circonstanciel de temps de va courir (quand va-t-il courir ? Chaque matin…)

    Puis il achète une baguette :

    une baguette : complément d'objet direct de *achète* (il achète quoi ?)

    Il parle de la pluie et du beau temps :

    de la pluie et du beau temps : complément d'objet indirect de *parle* (il parle de quoi ?)

    Il est dépassé par les événements :

    les événements : complément d'agent de *est dépassé* (dépassé par quoi ?)

    Il est triste du résultat :

    du résultat : complément de l'adjectif *triste* (triste de quoi ?)

    La croûte du pain est dure :

    du pain : complément du nom *croûte* (la croûte de quoi ?)

    Il offre un croissant à sa voisine :

un croissant : complément d'objet direct de *offre* (il offre quoi ?)

à sa voisine : complément d'objet second de *offre* (il offre à qui ?)